Cultura, política y práctica educativa

Henry A. Giroux

Biblioteca de Aula | 158

Biblioteca de Aula
Serie Teoría y sociología de la educación
© Henry A. Giroux
Edición castellana revisada: Ramón Flecha
Edición castellana publicada según acuerdo con Taylor & Francis, Inc. Nueva York
Título original: *Impure Acts: The Practical Politics of Cultural Studies*
Traducción: Hugo Riu
© de esta edición: Editorial GRAÓ, de IRIF, SL
C/ Francesc Tàrrega, 32-34. 08027 Barcelona
1ª edición: abril 2001
ISBN: 84-7827-252-6
DL: B-18.042-01
Diseño de cubierta: Xavier Aguiló
Impresión: Imprimeix
Impreso en España

A Susan

Índice

Prólogo a la edición castellana, Ramón Flecha | 7

Agradecimientos | 9

Introducción: Revitalización de la cultura de la política | 11
    La crisis de la cultura política | 11
    Más allá de la cultura del cinismo | 15
    Cultura y política | 16
    Hacía una política cultural práctica | 21

1. **Replanteamiento de la política cultural: desafío al dogmatismo político de derechas y de izquierdas** | 23
    Introducción | 23
    Ataques conservadores y liberales a la política cultural | 24
    El liberalismo y el poder del pensamiento positivo | 28
    La ortodoxia de izquierdas y el hostigamiento a la política cultural | 31
    Hacer política cultural | 37

2. **La enseñanza y la política de la cultura de empresa** | 45
    ¿Nos encontramos ante la conquista definitiva del capitalismo? | 45
    Los límites de la cultura empresarial | 49
    Los gestores de empresa en la enseñanza superior | 52
    La cultura de empresa y la política educativa | 57
    La enseñanza y la democracia | 60

3. **Los límites del multiculturalismo académico** | 65
    Introducción | 65
    La gestión de la diversidad y la política del reconocimiento | 69
    La teoría profesionalizada y la política de la textualidad | 72
    Los ataques conservadores al multiculturalismo | 74
    La conexión entre la cultura y la política | 75
    El código racial en el discurso de Hollywood | 81
    Accediendo a una pedagogía del objeto cultural | 84

4. **Enseñar política con Homi Bhabha** | 91
    Introducción | 91
    Erradicando la política de la pedagogía | 92
    Haciendo lo pedagógico más político en la obra de Homi Bhabha | 97
    Frederick Douglass y lo subalterno | 101
    Combatiendo los discursos oficiales | 104

5. **Enseñar cultura con Disney** | **109**
   Introducción | 109
   Disney y la política de la inocencia | 115
   Cómo hacer que lo político sea más pedagógico | 120

6. **Elaborando estudios culturales** | **127**
   Introducción | 127
   En busca de un proyecto | 129
   Más allá de la política de la textualidad | 131
   La educación como una práctica preformativa | 132
   Intelectuales públicos y la política del compromiso y la preformación | 135
   ¿Puede la educación ser política? | 138
   Conclusión | 140

Prólogo a la edición castellana

Ramón Flecha
Catedrático de Teoría Sociológica de la Universitat de Barcelona
y director de CREA (Centro de Investigación Social y Educativa)

Henry Giroux es el más referenciado de un conjunto de autores norteamericanos que están planteando nuevas perspectivas críticas a la educación: Apple, Giroux, McLaren, Macedo, etc. Sus obras se alejan de las dos caras de la dicotomía entre las nuevas propuestas neoliberales y las viejas perspectivas críticas. Cuando muchas y muchos profesionales sintieron que no había nada que hacer ante la ofensiva de la globalización neoliberal, desde el mismo centro de la metrópoli nos comenzó a llegar el auge de unas nuevas perspectivas críticas que recogen y desarrollan la propuesta de Freire de combinar el lenguaje de la crítica con el lenguaje de la posibilidad. Esas elaboraciones están sirviendo para que un número creciente de personas y colectivos desarrolle un pensamiento crítico que, superando el determinismo y el inmovilismo, impulsa acciones educativas transformadoras.

Cultura, política y práctica educativa incluye aportaciones para analizar e intervenir en el presente y también tienen elementos prospectivos sobre nuestra situación educativa y social. En los últimos tiempos crecen en nuestros contextos las declaraciones de personajes públicos que califican a las personas inmigrantes de peligro, de pérdida de nuestra identidad. Giroux nos habla en este libro de una ofensiva de derecha que presenta a la inmigración, el multiculturalismo en las escuelas y la acción afirmativa como una creciente amenaza a la identidad nacional. El autor nos hace reflexionar sobre la incorrección de algunas de las actuaciones educativas que se proponen para superar esa ofensiva y sus efectos en la convivencia en las escuelas, pero también nos propone nuevas y mejores orientaciones.

En los intentos de superación de la vieja polémica entre tecnología y humanismo a mucha gente crítica le sorprendía conocer las posturas de Freire y su amigo Giroux. Paulo se emocionaba al recibir un correo electrónico de su nieto y Henry es la persona que más me insistió en usar Internet cuando todavía no existía en nuestras escuelas y universidades. Ambos han coincidido siempre con Chomsky en una postura muy distante de quienes no han sido conscientes de que oponiéndose a la sociedad de la información han fomentado la exclusión social de su alumnado. A Paulo le extrañó que cuando escribimos un libro colectivo que en inglés se ha titulado *Educación crítica en la sociedad de la información* hubo autores críticos españoles que vieron en la utilización del concepto de *sociedad de la información* un signo indudable de neoliberalismo. *Cultura, política y práctica educativa* incluye orientaciones educativas para superar la exclusión de la sociedad de la información y para luchar contra el modelo darwinista que hasta ahora la ha hegemonizado.

Henry quiere contribuir a una mayor comprensión crítica de la relación dialógica entre cultura y democracia y lo hace con una interdisciplinariedad y globalidad de planteamientos muy poco usual. Recorre la literatura de la educación, los estudios culturales, los feminismos y todos aquellos ámbitos de los que es posible extraer elementos críticos con que enriquecer un pensamiento y unas acciones transformadoras. Este libro es también una guía que orienta sobre futuras lecturas, por ejemplo, cuando vemos que recoge de la feminista más referenciada en la actualidad (Judith Butler) su reflexión respecto de los movimientos sociales, su énfasis en que se oponen tanto a la izquierda hegemónica como al centro liberal y a la amenazante derecha.

Pero la globalidad e interdisciplinariedad abarca no sólo a las fuentes sino también a las temáticas. Desde que nos hicimos amigos, hace ya diez años, me sorprendieron muy agradablemente sus continuas reflexiones sobre el mundo Disney que posteriormente han aparecido en trabajos como este libro. No estamos pues simplemente ante un autor crítico del sistema escolar, sino del conjunto de la educación y la cultura. Esta obra huye tanto del comercialismo de Disney como de la crítica que no sabe ver que conecta mucho mejor con los deseos de las niñas y de los niños que unas prácticas críticas a veces muy anquilosadas y más propias de las escuelas de la antigua sociedad industrial que de la educación en la actual sociedad de la información.

Este libro nos propone y nos da orientaciones para que las educadoras y los educadores, y en general las trabajadoras y los trabajadores de la cultura, seamos intelectuales públicos en la oposición. Para ello tenemos que dejar de considerarnos como marginales, vanguardistas, académicos o profesionales actuando solos y pasar a ser ciudadanos críticos y ciudadanas críticas, cuyas acciones y conocimientos colectivos se inscriban en la vida pública y la comunidad. De esa forma podemos contrarrestar los asaltos derechistas ligados al darwinismo social defendiendo y reconstruyendo la esfera pública y la pedagogía crítica.

Esta lectura no provoca un conformista inmovilismo justificado con el «no se puede hacer nada» que tanto facilita su trabajo a la derecha. Tampoco reafirma en perspectivas críticas que sirvieron en otra época pero que en la actual ya han demostrado su incapacidad para generar movimientos transformadores y, por lo tanto, son fácilmente atacables por la derecha. Las aportaciones de Giroux señalan caminos para quienes desde sus ámbitos de actuación quieren ser transformadores y pensar críticamente, especialmente para quienes quieren hacerlo como intelectuales públicos de oposición colaborando y dialogando con todas las demás ciudadanas y ciudadanos.

Agradecimientos

Durante la elaboración de este libro, he recurrido a la ayuda y al trabajo de muchas personas. A nivel teórico estoy totalmente en deuda con Lawrence Grossberg, Stuart Hall, Stanley Aronowitz, Robin Kelley y David Theo Goldberg. Quiero agradecer a Carol Becker su apoyo incondicional al darme la oportunidad de dar clases y de reflexionar sobre algunas de las ideas de este libro mientras estaba en Chicago en verano de 1999. Paul Youngquist, Imre Szeman y Donaldo Macedo me proporcionaron sus opiniones sobre diferentes partes del manuscrito y mantuve con ellos conversaciones maravillosas. Eric Weiner me ayudó de forma inestimable en la investigación y Heidi Hendershott estuvo siempre asesorándome y proporcionándome material nuevo para leer. Ken Saltman me hizo inapreciables observaciones sobre varios capítulos. Le estoy profundamente agradecido a Bill Germano, mi editor, por avalar este proyecto desde su inicio y por impulsarme insistentemente a realizar diversas revisiones de gran importancia. También le estoy muy agradecido a Sue Stewart por toda su gran ayuda administrativa. Asimismo, quiero darles las gracias a mis alumnos y a todos los miembros del grupo de estudio del miércoles, que siempre son una gran fuente de esperanza y de aprendizaje para mí. Gracias, Rosa. Gracias a mis tres maravillosos hijos, Jack, Brett y Chris, cuyas visitas me salvaban siempre de trabajar demasiado. A mi maravillosa mujer, Susan Searls Giroux, que leyó, estructuró y revisó cada página de este manuscrito. Este libro está dedicado a ella por su inteligencia, su afecto y su apoyo tanto en los buenos como en los malos tiempos. Por supuesto, yo solo soy el único responsable del resultado final.

Algunos de estos capítulos contienen fragmentos extraídos de material publicado anteriormente, que apareció en las siguientes fuentes:
- *The Arizona Journal of Hispanic Cultural Studies.*
- *Journal of Composition Theory.*
- GIROUX, H.A. (1999): *Corporate Culture and the Attack on Higher Education and Public Schooling.* Bloomington, Indiana. Phi Delta Educational Foundation.

Introducción:
Revitalización de la cultura de la política

> *Qué significa tomarse en serio, en la coyuntura actual,*
> *la idea de que la política cultural y los asuntos relacionados con la cultura,*
> *el discurso y la metáfora son cuestiones políticas absolutamente agonizantes.*
> (Stuart Hall[1])

La crisis de la cultura política

En la coyuntura histórica actual, los aspectos culturales parecen dominar el paisaje político norteamericano, pero en un marco que se podría describir como esquizofrénico. Considerada como una esfera de inventiva tecnológica impresionante, por un lado, y como un ámbito acosado por las crecientes contradicciones de la democracia, por otro, la cultura se elogia y se menosprecia al mismo tiempo. En primer lugar, existe la creencia generalizada de que las nuevas tecnologías culturales, presentes en todo lo electrónico o informatizado, han cambiado radicalmente la relación entre ciencia y progreso, por una parte, y entre la esfera privada y la pública. Ahora la información se ha convertido en algo capital: la circulación de textos, discursos e imágenes ya no está obstaculizada por el espacio. Además, la cultura del texto impreso ha quedado alterada para siempre por el auge de una poderosa cultura visual producida digitalmente.

Para muchos, este cambio radical en el ámbito de la cultura representa una nueva revolución en la relación entre tecnología y ciencias aplicadas, que transforma nuestra concepción sobre el poder, la política y la vida cotidiana, integrándolos en una realidad global más amplia e interconectada. Pero el gran adelanto que supone la revolución informacional no sólo provoca sobrecogimiento, sino que también apunta hacia una nueva configuración de la riqueza, el poder y el liderazgo, que se refleja parcialmente en el control ejercido por los conglomerados mediáticos como Disney y Time Warner, y en la inacabable exaltación en los medios de comunicación del liderazgo empresarial inspirado en los clones de Bill Gates que surgen cada día en Silicon Valley[2].

---

1. HALL, S. (1997): «Subjects in History: Making Diasporic Identities», en LUBIANO, W. (ed.): *The House that Race Built*. Nueva York. Pantheon, p. 290.
2. Existen tres excelentes obras sobre este tema: HERMAN, E.; McCHESNEY, R. (1997): *The Global Media*. Washington. Cassel; DERBER, Ch. (1998): *Corporation Nation*. Nueva York. St. Martin's Press; CHOMSKY, N. (1999): *Profit Over People*. Nueva York. Seven Stories.

Las innovaciones electrónicas y técnicas en la esfera cultural, como Internet, la televisión por cable y los sistemas de comunicación digitales, introducen un nuevo y decisivo componente en la manera como definimos, comprendemos y llevamos a cabo todo lo social. Pero esta perspectiva en gran parte positiva de la cultura que acompaña a estas innovaciones aparece casi exclusivamente en términos técnicos y prácticos, lo que conduce en segunda instancia a la cara negativa de la cultura. Aunque la política de la cultura concebida como *laboratorio tecnológico* (lo que Herbert Marcuse llama «la totalidad de los instrumentos, herramientas y artilugios que caracterizan»[3] la esfera cultural) sigue gozando de un atisbo de progreso en la imaginación popular, la cultura de la política –a capacidad de la cultura para suscitar y alimentar las fuentes discursivas y las relaciones materiales de poder que conforman la vida pública democrática– parece estar en crisis, expuesta al menosprecio y al escarnio de fuerzas que ocupan una amplia gama de perspectivas ideológicas. Muchos educadores, intelectuales y decisores políticos conciben la noción de cultura como una forma peligrosa o romántica de política práctica, con su proliferación de discursos críticos ideados para tratar los principales problemas sociales y reelaborar la configuración institucional[4]. Según los entendidos de cualquier estrato del espectro ideológico, la naturaleza estratégica y performativa de la cultura como ámbito político, con la capacidad de crear cambios sociales a través de la divulgación de identidades y relaciones democráticas y de planes institucionales, se plantea o bien como una amenaza al orden establecido (las configuraciones establecidas) en materia de poder o bien como una desviación cínica de las luchas políticas «reales», basadas en el sistema de clases sociales.

La evisceración de la cultura política se hace especialmente patente en el clima posterior a Littleton y al caso Lewinsky, en donde el cinismo sustituye a la esperanza a medida que la amplia mayoría de los ciudadanos se sienten excluidos del sistema electoral democrático, cuyo impacto parece sentirse más en la prensa sensacionalista, mientras que está muy ausente de la vida social. La política apunta hacia su propio agotamiento al ser considerada principalmente como una elección «entre el *status quo* o algo peor. No parecen existir otras alternativas»[5]. Si a ello le sumamos la creciente pérdida de fe de la población en general hacia el gobierno, las instituciones públicas y el proceso democrático, la única forma de participación mediadora o cívica ofrecida a los norteamericanos es el consumismo en contraposición a las formas substantivas de ciudadanía[6]. Como Robert McChesney argumenta:

---

3. MARCUSE, H. (1998): «Some Social Implications of Modern Technology», en KELLNER, D. (ed.): *Technology, War, and Fascism: Collected Papers of Herbert Marcuse*. Nueva York. Routledege, p. 41.
4. Véanse, por ejemplo, los importantes comentarios que hacen a este respecto Roberto Unger y Cornel West en UNGER, R.M.; WEST, C. (1998): *The Future of American Progressivism*. Boston. Beacon Press. Véase también la obra mucho más fundamentada y documentada a nivel teórico: ARONOWITZ, S. (1996): *The Death and Rebirth of American Radicalism*. Nueva York. Routledge.
5. JACOBY, R. (1999): *The End of Utopia: Politics and Culture in an Age of Apathy*. Nueva York. Basic Books, p. XI.
6. Sobre este aspecto, véase ELIASOPH, N. (1998): *Avoiding Politics: How Americans Produce Apathy in Everyday Life*. Nueva York. Cambridge University Press; UNGER, R.M.; WEST, C. (1998): *The Future of American Progressivism*. Boston. Beacon Press.

Para que la democracia sea eficaz, es necesario que las personas sientan la existencia de un vínculo con sus conciudadanos y que este vínculo se manifieste a través de una gama de organizaciones e instituciones no lucrativas. Una cultura política vibrante requiere grupos comunitarios, bibliotecas, escuelas públicas, organizaciones de vecinos, cooperativas, lugares para celebrar reuniones públicas, asociaciones voluntarias y sindicatos para aportar a los ciudadanos los medios para reunirse, comunicarse e interactuar con sus conciudadanos. La democracia neoliberal, con su concepción del mercado como máxima prioridad, descuida este sector. En lugar de ciudadanos, produce a consumidores. En lugar de comunidades, produce centros comerciales. El entramado resultante es una sociedad atomizada de individuos descomprometidos que se sienten desmoralizados y sin ningún poder a nivel social [7].

La desaparición de la política democrática en la esfera cultural también se puede apreciar en la supresión de la disconformidad en una amplia gama de ámbitos, entre los que figuran los medios de comunicación, las universidades y las escuelas públicas, que están quedando cada vez más bajo el control de las megacorporaciones o se están corporativizando[8]. En este sentido, las escuelas han abandonado las pedagogías y los modelos de aprendizaje en los que se tratan aspectos sociales importantes, se plantean interrogantes sobre cómo funciona el poder en la sociedad o se tratan consideraciones sociales fundamentales sobre la justicia social como elemento constituyente de la interrelación entre la práctica cultural y la política democrática.

Aunque muchos comentaristas afirmarían que la cultura política está en declive desde Watergate, existe poca comprensión de la relación dialógica entre cultura y democracia. Típicamente, los *conservadores* creen que la cultura norteamericana está en crisis y que el problema es la democracia. Según este discurso, la democracia promueve la disconformidad antipatriótica, el relativismo moral, el descenso del nivel educativo de las escuelas, el bienestar social y la pérdida de principios, cuyo origen se remonta en su mayoría a los cambios sociales de los años 60[9]. Estos sentimientos se dejan oír en los pasillos del Congreso en boca del oficial disciplinario de la oposición, Tom Delay, que cree que la cultura de la política ha sido corrompida por la crisis de

---

7. McCHESNEY, R. (1999): «Introducción», en CHOMSKY, N.: *Profit Over People*. Nueva York. Seven Stories Press, p. 11.

8. Véanse, por ejemplo, las opiniones suscitadas por la supresión de la discrepancia sobre la absorción de ABC por parte de Disney o por la creciente corporativización de la universidad. Véase McCHESNEY, R.W. (1997): *Corporate Media and the Threat to Democracy*. Nueva York. Seven Stories Press; GIROUX, H. (1999): *The Mouse that Roared: Disney and the End of Innocence*, Lanham, Md, Rowman and Littlefield; MOKHIBER, R.; WEISSMAN, R. (1999): *Corporate Predators: The Hunt for Mega-Profits and the Attack on Democracy*. Monroe (Maine). Common Courage Press; CHOMSKY, N. (1999): *Profits Over People*. Nueva York. Seven Stories Press.

9. Esta postura se convierte casi en una caricatura cuando algunos conservadores la aplican a los estudios culturales. Un ejemplo típico se puede encontrar en ROTHSTEIN, E. (1999): «Trolling "Low" Culture for High-Flying Ideas: A Sport of Intellectuals». *The New York Times* (28 de marzo de 1999), p. A33. La concepción de los años sesenta como el origen de la mayoría de los problemas contemporáneos se ha convertido en un principio fundamental de la ideología de derechas y se refleja en el trabajo de docentes universitarios como Harol Bloom hasta en los comentarios estridentes del antiguo líder del partido mayoritario de la Cámara de diputados Newt Gingrich.

los valores religiosos, el relativismo moral y los organismos del bienestar social que sangran la tesorería nacional[10]. Para Delay, la rectitud moral es el postulado definitorio de la virtud cívica, considerada mucho más importante que los principios democráticos de libertad e igualdad, que llevan la mayoría de veces a formas de disconformidad que minan la fe de los que realmente creen en «la certidumbre y la convicción absoluta de que están en lo cierto»[11]. Estos puntos de vista también se encuentran en conservadores como los candidatos a la presidencia Pat Buchanan y Gary Bauer.

Para muchos *neoliberales*, sin embargo, la crisis de la cultura política se plantea en términos ligeramente distintos. Según su punto de vista, la democracia está en crisis y el problema es la cultura. Pero la cultura no representa tanto un problema por su falta de principios morales como por su proliferación de diferencias culturales, su negativa a rendir homenaje de forma unitaria a los dictados del mercado y su divulgación de la violencia y la falta de civismo a través de la cultura popular.

Según los *liberales*, la cultura popular amenaza a la imagen de la esfera pública como blanca, a la noción liberal de consenso y a los valores que exaltan la riqueza como meta. Para ellos, la esfera pública mina la libertad asociada a los beneficios privados y hace renacer la noción de lo social marcada por las diferencias políticas y las reivindicaciones supuestamente contrarias de expansión de los derechos democráticos. El liberalismo, en sus variantes «compasivas», aboga por un discurso de la cultura como refinamiento y urbanidad, una cultura que rechaza los impulsos democráticos de la cultura de masas, considerándolos bárbaros, y el espíritu (el *ethos*) y las manifestaciones de una cultura popular electrónica, tachándolos irremediablemente de violentos, primitivos y de mal gusto[12]. Ambas posturas comparten, sin embargo, el cinismo, la condena hacia la cultura política nacional, acusándola de impura, mancillada y corrompida por el discurso lógico de la diferencia. Ambas posturas condenan las fuerzas democráticas no basadas en el mercado y no mercantilizadas que aportan un vocabulario crítico para poner en tela de juicio la noción autocomplaciente de que el libre mercado y el dominio de la sociedad por las grandes corporaciones representan la única alternativa factible al status quo y que el enfoque neoliberal de la sociedad es lo mejor para la humanidad. Ninguna de estas posturas ofrece ninguna esperanza de que el futuro de Estados Unidos pueda ser distinto de su presente.

Por último, existe una noción ampliamente defendida por una *izquierda materialista ortodoxa* de que la cultura como esfera potencial de la educación política y el cambio políticos mina la noción de política en sí misma, que a menudo se reduce a luchas sobre aspectos materiales en lugar de luchas sobre el lenguaje, la experiencia, la pedagogía y la identidad[13]. Esta postura está parada en el tiempo y hundida

---

10. WILLIAMS, D. (1999): «Mr DeLay Had it Right; Absolutism and Relativism Were at the heart of The Clinton Matter». *The Washington Post* (7 de marzo de 1999), p. B2.
11. LEWIS, A. (1999): «Self-Inflicted Wound». *The New York Times* (9 de febrero de 1999), p. A31.
12. Esta postura se puede encontrar en la obra de Neil Postman. Véase, por ejemplo, POSTMAN N. (1992): *Technopoly: the Surrender of Culture to Technology*. Nueva York. Knopf.
13. Dos ejemplos típicos son: GITLIN, T. (1995): *The Twilight of Common Dreams: Why America is Wracked by Culture Wars*. Nueva York. Metropolitan Books; SOKAL, A.; BRICMONT, J. (1998): *Fashionable Nonsense: Postmodern Intellectual's Abuse of Science*. Nueva York. Picador.

por el peso de su propio hastío intelectual y de su agotamiento político. Abrumada por una versión decimonónica del marxismo, la comunidad de investigadores contemporáneos de izquierdas se niega a menudo a pluralizar la noción de antagonismo, reduciéndola únicamente a conflictos de clase, y mina aún más la fuerza de la política económica, limitándola a un economismo fantasma[14]. Además, la actitud crítica de la izquierda ortodoxa refleja el cinismo y la desesperación crecientes, ejemplificadas en su interminable invocación de clichés como «la política del realismo» y su apuesta por el retorno al materialismo. En definitiva, su retórica se puede considerar en gran medida como un puritanismo altruista (es decir, que son los únicos verdaderos «cristianos»), sólo equiparable a una rigidez ideológica igualmente acérrima que apenas consigue disimular su desdén por las nociones de diferencia, política cultural y movimientos sociales.

Más allá de la cultura del cinismo

En contraposición a estas posturas, yo argumento en este libro que las luchas culturales no son un sucedáneo insignificante de la política «real», sino que son fundamentales para cualquier lucha que pretenda forjar relaciones entre las relaciones discursivas y materiales del poder, entre la teoría y la práctica y entre la pedagogía y el cambio social. Mi intención es abordar la política contemporánea del cinismo defendiendo tanto la política de la cultura como la cultura de la política, así como la importancia de la pedagogía como elemento constitutivo de una cultura política democrática que vincule las luchas sobre las identidades con el significado de luchas más amplias sobre las relaciones materiales de poder.

En los capítulos siguientes, ofrezco algunos ejemplos de qué puede significar teorizar los estudios culturales como una forma de política práctica en la que lo performativo y lo estratégico surgen de un proyecto más amplio revelado por los contextos cambiantes y a menudo contradictorios en donde se unen la política popular y el poder para expandir las posibilidades de una vida pública democrática.

Estos ejemplos, y las implicaciones que tienen para un estudio cultural práctico, van desde el análisis de los discursos multiculturales de la academia hasta las representaciones populares y las configuraciones institucionales del imperio Disney. Todos estos ejemplos apuntan hacia la necesidad de un nuevo tipo de política cultural –y un nuevo tipo de cultura política– en el que el discurso, la imagen y el deseo formen una intersección con las operaciones que constituyen las relaciones materia-

---

14. Se realiza una crítica brillante de este tema en ARONOWITZ, S. (1981): *The Crisis of Historical Materialism*. Westport. Ct. Bergin and·Garvey. Como señala perspicazmente Judith Butler, la reivindicación por parte de la izquierda de la unidad entre clases «da prioridad a una noción de lo común» que no sólo está depurada de cualquier consideración sobre raza o sexo, sino que también «se olvida» que los movimientos sociales que se organizaron alrededor de diversas formas de política de identidad, surgieron, en parte, como oposición a los principios de exclusión en los que se construyeron estas reivindicaciones de unidad entre clases. Véase BUTLER, J. (1997): «Merely Cultural». *Social Text*, n. 15 (otoño/invierno de 1997), pp. 3-4.

les de poder para revelar las maneras en que se ejerce, se experimenta y se hace productivo el poder dentro y a través de múltiples esferas de la vida cotidiana[15]. Estos ejemplos también ilustran la necesidad de revigorizar la vida intelectual para mantener una cultura política efervescente y de «poner los conocimientos al servicio de una democracia más consciente»[16]. La naturaleza reguladora de la cultura y su poder para hacer circular bienes y discursos disciplinarios y regular entidades sugiere que el sistema nervioso de la vida cotidiana ya no se encuentra solamente en la aplicación y la demostración de poder industrial bruto –los antiguos medios de producción– sino en infraestructuras compuestas por redes que computan y transmiten la información a velocidades que desafían a la imaginación. A medida que se va haciendo cada vez más patente que la política de la cultura constituye una fuerza esencial y no secundaria para la conformación de la política cotidiana y global, la cultura de la política proporciona los marcadores ideológicos necesarios para establecer los referentes éticos y públicos para pensar en los límites de esta nueva unión entre tecnología y política. La cultura ya no está relegada al Olimpo de la cultura elevada, ni se desestima sumariamente como un simple reflejo de la base económica, sino que ha conseguido finalmente ocupar un lugar apropiado en el ámbito institucional y productivo como un objeto esencial de debate, una poderosa estructura creadora de significado que no se puede abstraer del poder, y un ámbito de lucha intensa sobre cómo deben perfilarse las identidades, definirse la democracia y recuperarse la justicia social como elemento fundamental de la política cultural.

Cultura y política

Dado que la interfase entre capital global y nuevas tecnologías electrónicas transforma y hace replantearse la naturaleza (fisonomía/apariencia) de la cultura, la importancia de considerar detenidamente las posibilidades y los límites de lo político representa una nueva urgencia. Lo que constituye tanto el sujeto como el objeto de las mutaciones políticas y se expande como la relación entre conocimiento y poder se convierte en una fuerza poderosa que produce nuevas formas de riqueza, aumentando las diferencias entre ricos y pobres e influyendo de forma radical en lo que la gente piensa y hace y en su comportamiento. La cultura como forma de capital político se convierte en una fuerza formidable a medida que los medios de producción, divulgación y distribución de información transforman todos los sectores de la economía global, marcando el inicio de una verdadera revolución en las maneras en que se produce significado, se perfilan las identidades y se desencadenan cambios históricos dentro y fuera de las fronteras nacionales. Por ejemplo, a nivel global y nacio-

---

15. Para profundizar en este tema, véase GROSSBERG, L.: «Identity and Cultural Studies. Is that All there Is?», en HALL, S.; DU GAY, P. (eds.) (1996): *Questions and Cultural Identity*. Thousand Oaks. Sage, pp. 87-107.
16. LONG, E. (1997): «Introduction: Engaging Sociology and Cultural Studies: Disciplinarity and Social Change», en LONG, E. (ed.): *From Sociology to Cultural Studies*. Malden, MA. Basil Blackwell, p. 17.

nal, la reducción de los límites temporales y espaciales ha alterado de manera radical la influencia que ejercen el poder y la riqueza de las corporaciones multinacionales en las culturas, los mercados y las infraestructuras materiales de todas las sociedades, aunque sus resultados se hayan distribuido de forma desigual[17]. Al acumularse la riqueza en menos manos, los trabajos de servicios determinan aún más las economías tanto de las naciones fuertes como de las débiles. Además, las formas culturales y los productos occidentalizados liman las diferencias locales, lo que da lugar a paisajes culturales cada vez más homogeneizados. Por último, como los servicios estatales se rinden ante la fuerza de la privatización, los servicios sociales de importancia vital como la vivienda, las escuelas, los hospitales, la radiodifusión y la televisión se abandonan a la lógica del mercado. Para muchos, los resultados son de gran alcance: un aumento de la pobreza y del sufrimiento humanos, desplazamientos de población y migraciones masivas, y una crisis política marcada por el deterioro y la destitución de los valores cívicos y del espacio social democrático.

En este nuevo orden mundial, las industrias de la cultura desempeñan cada vez más un papel único y poderoso en la determinación de cómo la gente de todo el planeta vive, encuentra sentido a sus vidas y construye el futuro a menudo en condiciones que ellos no han decidido. Stuart Hall resume brevemente la naturaleza fundamental de esta «revolución cultural» cuando declara lo siguiente:

El ámbito constituido por las actividades, las instituciones y las prácticas que llamamos culturales se ha desarrollado de forma irreconocible. Al mismo tiempo, la cultura ha asumido un papel de importancia incomparable en la estructura y la organización de la sociedad de la modernidad tardía, en los procesos de desarrollo del entorno global y en la disponibilidad de sus recursos económicos y materiales. En particular, los medios de producción, divulgación e intercambio cultural se han expandido de manera espectacular a través de las nuevas tecnologías mediáticas y de la revolución informacional. Por una parte, de forma directa, a estos sectores llega una proporción de los recursos humanos, materiales y técnicos del mundo mayor que antes. Al mismo tiempo e indirectamente, las industrias culturales se han convertido en el elemento mediador de cualquier otro proceso[18].

Según Hall, la cultura se ha erigido en el medio principal a través del cual, por una parte, se producen, se divulgan y se desarrollan las prácticas sociales y, por otra, donde adquieren significado y trascendencia. La cultura se vuelve política no sólo porque está vehiculizada por los medios de comunicación y otras formas institucionales que procuran conseguir determinadas formas de autoridad y legitimar relaciones sociales específicas, sino también como conjunto de prácticas que representa y ejerce poder y por lo tanto perfila las identidades particulares, moviliza una gama de pasiones y legitima formas precisas de cultura política. En este caso, la cultura se vuelve productiva, ligada inextricablemente a los aspectos relacionados de poder y de activi-

---

17. BAUMAN, S. (1998): *Globalization: The Human Consequences.* Nueva York. Columbia University Press.
18. HALL, S. (1997): «The Centrality of Culture: Notes on the Cultural Revolutions of Our Time», en THOMPSON, K. (ed.): *Media and Cultural Regulation.* Thousand Oaks, CA. Sage, p. 209.

dad mediadora (sujeto/actividad del sujeto). Tal como señala Lawrence Grossberg:

> *[La política de la cultura pone en primer plano en] términos culturales más amplios [cómo] las cuestiones del sujeto implican las posibilidades de acción como intervenciones en los procesos mediante los cuales se transforma continuamente la realidad y se ejerce el poder... El sujeto abarca las relaciones de participación y de acceso, las posibilidades de trasladarse a áreas específicas de actividad y poder, y de pertenecer a ellas y ser capaz de ejercer sus poderes*[19].

Lo que Grossberg sugiere aquí respecto a las posibilidades del sujeto crítico tiene importantes implicaciones para plantear la cultura en términos tanto políticos como pedagógicos.

Tal como he escrito en otra ocasión, la cultura se ha convertido actualmente en la fuerza pedagógica por excelencia y su función como condición educativa fundamental para el aprendizaje es crucial para establecer formas de alfabetización cultural en diversas esferas sociales e institucionales a través de las cuales las personas se definan a sí mismas y definan su relación con el mundo social[20]. En este caso, la relación entre cultura y pedagogía no puede abstraerse a partir de la dinámica central de la política y el poder.

La cultura concebida desde una perspectiva amplia siempre se mezcla con el poder y se vuelve política por partida doble:
1. Las cuestiones de propiedad, acceso y gobierno son cruciales para entender cómo se ejerce el poder al regular las imágenes, los significados y las ideas que componen las agendas que configuran la vida diaria.
2. La cultura ejerce poder a través de sus conexiones con el reino de la subjetividad, es decir, ofrece identificaciones y posturas subjetivas a través del conocimiento, los valores, las ideologías y las prácticas sociales que pone a disposición, en el marco de relaciones desiguales de poder, de diferentes sectores de la comunidad nacional e internacional.

Como fuerza pedagógica, la cultura reivindica determinadas historias, memorias y narraciones. Cuenta «tanto la historia de los acontecimientos como su desarrollo como narración»[21] para influir en cómo los individuos captan, modifican, se resisten a o se acomodan a formas específicas de ciudadanía cultural, de relaciones materiales de poder actuales y de nociones específicas de futuro.

En este libro defiendo que la crisis actual de la política cultural y de la cultura política a la que se enfrenta Estados Unidos está estrechamente ligada a la desaparición de lo social como categoría constitutiva para expandir las identidades demo-

---

19. GROSSBERG, L. (1996): «Identity and Cultural Studies. Is that All there Is?», en HALL, S.; DU GAY, P. (eds.): *Questions and Cultural Identity*. Thousand Oaks. Sage, pp. 99-100.
20. GIROUX, H.A. (1992): *Border Crossings: Cultural Workers and the Politics of Education*. Nueva York. Routledge Publishing.
21. YOUNG, J. (1998): «The Holocaust as Vicarious Past: Art Spiegelman's Maus and the Afterimages of History». *Critical Enquiry*, n. 24 (primavera de 1998), p. 673.

cráticas, las prácticas sociales y las esferas públicas. En este caso, no se trata tanto de que se esté borrando la memoria como de que se está reconstruyendo en circunstancias de deterioro de los foros públicos en los que se realizan debates serios. La crisis de la memoria y de lo social está empeorada por la deserción del estado de su cargo de guardián de la fe pública y su creciente falta de inversiones en los sectores de la vida social que promueven el bien del pueblo. Además, la crisis de lo social se agrava aún más, en parte, ante la falta de voluntad por parte de muchos liberales y conservadores de reconocer la importancia de la educación formal e informal como fuerza para estimular la participación crítica en la vida cívica, y de la pedagogía como práctica cultural, política y moral crucial para conectar la política, el poder y los sujetos sociales con los procesos formativos más amplios que constituyen la vida pública democrática. Estas cuestiones no sólo suscitan interrogantes sobre el significado y el papel de la política y su relación con la cultura, sino que también señalan la necesidad de replantearse la finalidad y la función de la pedagogía a la luz de la intención por parte de diversos intereses ideológicos de corporativizar todos los niveles de la enseñanza en Estados Unidos. No se puede desestimar la importancia de poner en tela de juicio la corporativización de las escuelas, que supone una amenaza a la vida pública y a la cultura política.

La decadencia de la política como fuerza progresista de cambio dentro de la esfera cultural se hace especialmente evidente en los intentos recientes de corporativizar la educación superior. Ésta, que representa una de las pocas entidades en las que se puede vincular el aprendizaje con el cambio social, se está redefiniendo cada vez más en términos mercantiles a medida que la cultura corporativa empresarial absorbe a la cultura democrática y que el aprendizaje crítico es reemplazado por una lógica instrumentalista que celebra los imperativos del balance final, el redimensionamiento y la externalización.

Obsesionada por la concesión de becas, la recaudación de fondos y las mejoras del capital, la educación superior está abandonando gradualmente su papel de esfera pública democrática consagrada a los valores más amplios de una ciudadanía comprometida y crítica. Ahora, los beneficios privados anulan el bien público, y los conocimientos que no se traducen de forma inmediata en puestos de trabajo o beneficios económicos se consideran ornamentales. En este contexto, la pedagogía se despolitiza y la cultura académica se convierte en el medio para colocar a los estudiantes en el orden social injusto que exalta el poder comercial a expensas de valores civiles y públicos más amplios.

Atacados por los intereses corporativos, el derecho político y las doctrinas neoliberales, los discursos pedagógicos que se definen en términos políticos y morales, sobre todo si hacen hincapié en las operaciones de poder y su relación con la producción de conocimiento y de subjetividades, son objeto de burla o, sencillamente, se ignoran. Reducida a la categoría de capacitación, la pedagogía, en sus versiones conservadora y neoliberal, se presenta en completa oposición a los tipos de enseñanza crítica diseñados para aportar a los estudiantes las habilidades y la información necesarias para reflexionar críticamente sobre los conocimientos que adquieren y sobre qué puede significar para ellos cuestionar las formas de poder antidemocráticas. Demasiado a menudo, la pedagogía crítica, dentro y fuera del mundo académico, o bien se desestima por considerarla irrelevante en el proceso educativo o sólo se considera apropiada como técnica.

Los *argumentos de los conservadores* a este respecto son bien conocidos, ya que se utilizan para reducir la práctica pedagógica o bien a la transmisión de la belleza y la verdad o bien a sistemas de gestión diseñados para enseñar civismo, lo que generalmente significa educar a diversos grupos sociales para comportarse según los parámetros específicos de su raza, su clase social y su sexo. En estos discursos no aparece ninguna referencia a la pedagogía como ideología y práctica social dedicada a la producción y la divulgación de conocimientos, valores e identidades según formaciones institucionales y relaciones de poder concretas.

De forma similar, los *discursos liberales y progresistas* que vinculan la pedagogía a la política a menudo hacen lo mismo, en gran medida, en el marco de la lógica de la reproducción social y se niegan a reconocer que los efectos de la pedagogía están más condicionados que determinados y, por consiguiente, están abiertos a una amplia gama de resultados y posibilidades. Aquí se omite cualquier reconocimiento de una pedagogía sin garantías, una pedagogía que debido a su naturaleza contingente y contextual mantiene la promesa de producir un lenguaje y un conjunto de relaciones sociales a través de los cuales las prácticas y los impulsos justos de una sociedad democrática se pueden experimentar y relacionar con el poder de la autodefinición y la responsabilidad social[22].

Por otra parte, el *neoliberalismo*, con su exaltación de la lógica de mercado, opta por pedagogías que se centran en el individuo autónomo en lugar de potenciar los grupos sociales y dan prioridad a la elección individual sobre la pluralidad y la participación.

Para demasiados neoliberales y conservadores, la excelencia se identifica a menudo con el éxito personal y tiene poco que ver con la igualdad o con aportar las habilidades y los conocimientos que los estudiantes pueden necesitar para vincular el aprendizaje con la justicia social y la motivación con el cambio social.

La evisceración de la cultura política democrática de la vida pública también se pone de manifiesto en los intentos actuales de los conservadores y los liberales de reducir el peso del estado, retirando el apoyo a diversos sectores del ámbito social cuyas raíces más profundas son más morales que comerciales y que proporcionan servicios para solucionar los problemas sociales acuciantes, especialmente los que afectan a los pobres, marginados y oprimidos. La evisceración de la política también se manifiesta en los ataques legislativos actuales a los inmigrantes y a otras personas de color, en la contención del discurso político por parte de las corporaciones que controlan cada vez más el flujo de información en la esfera pública, y en la pérdida de importancia de las esferas públicas no explotadas comercialmente que proporcionan oportunidades para el diálogo, el debate crítico y la educación pública.

---

22. Sobre el tema de la pedagogía, la esperanza y la contingencia histórica, véase FREIRE, P. (1998): *Pedagogy of Freedom*. Lanham. Rowman and Littlefield; JOHNSON, R. (1997): «Teaching Without Guarantees: Cultural Studies, Pedagogy, and Identity», en CANAAN, J.; EPSTEIN, D. (eds.): *A Question of Discipline*. Boulder. Westview Press, pp. 42-77; O'SHEA, A. (1998): «A Special Relationship? Cultural Studies, Academia, and Pedagogy». *Cultural Studies*, n. 12, pp. 512-527.

Hacia una política cultural práctica

Para cualquier política práctica de los estudios culturales, resulta necesario y fundamental reinventar el *poder* como algo más que *resistencia y dominación,* como algo más que un *marcador de la política de identidad,* y como algo más que una *estratagema metodológica* para vincular el discurso a las relaciones materiales de poder. Todas estas nociones de poder son importantes, pero ninguna refleja de forma adecuada la necesidad de que los estudios culturales pongan en un primer plano la lucha de relaciones de poder y la consideren como un principio fundamental, con un enfoque de la política cultural como actuación cívica y moral que vincula la teoría con la práctica y el conocimiento con las estrategias de compromiso y transformación. La revigorización de la cultura política desde esta postura constituye una intervención estratégica y pedagógica que debe influir en las luchas diarias de la gente y que se define parcialmente a través de sus (modestas) tentativas de mantener viva una noción de ciudadanía como principio performativo crucial para desencadenar el cambio democrático. Una versión de los estudios culturales basada en la creencia política de que sus propios proyectos emergen de formaciones sociales en las que el poder no sólo se muestra sino que significa puntos de lucha para expandir y profundizar la práctica de la democracia, se convierte sencillamente en un discurso académico que, de este modo, proporciona un vocabulario crítico para perfilar la vida pública como una forma de política práctica.

He escrito este libro como respuesta a la creciente academización de los estudios culturales y al cinismo y la desesperación que se han apoderado gradualmente de la vida política nacional de Estados Unidos. Es el fruto de mi preocupación por la evisceración del discurso democrático y ético entre los trabajadores culturales progresistas y los educadores. Los estudios culturales, al igual que la educación, ya no se presentan como una manera de intervenir en la producción de una ciudadanía activa. Una porción demasiado grande de lo que pasa por análisis en estos ámbitos representa la mala fe del arribismo y el oscuro discurso de docentes académicos herméticos que ya no creen que sea necesario hablar con un público más amplio o tratar asuntos sociales importantes. Y en donde no se aprecian vestigios de arribismo, la política cultural de izquierdas parece estar embrollada en lo que Michel Foucault llamó una vez polémica[23]. Aquí no hay ningún intento de persuadir o convencer, de intentar producir un diálogo serio[24]. Todo lo que queda son argumentos respaldados por un aire de estrechez de miras privilegiada que aparece más allá de cualquier cuestionamiento, unidos a formas de ingenio retórico basadas en el modelo de guerra y rendición incondicional, concebido principalmente para eliminar al oponente, pero que poco tiene

---

23. FOUCAULT, M. (1994): «Polemics, Politics, and Problematizations: An Interview with Michel Foucault», en RABINOW, P. (ed.): *Ethics: Subjectivity and Truth, the Essential Works of Michel Foucault 1954-1984.* Nueva York. The New Press, pp. 111-119.
24. En este discurso se ha perdido cualquier intento de crear, guiar, dirigir o estimular nuevas formas de práctica y de expresión. En lugar de constituir una fuerza crítica y dinámica, este tipo de discurso se convierte en un pretexto para entrevistarse a uno mismo, una forma de autoalabanza. Sobre este tema, véase BERGER, M. (ed.) (1998): *The Crisis of Criticism.* Nueva York. The New Press, pp. 1-14.

que decir sobre lo que significa ofrecer discursos alternativos a los intentos de los conservadores y neoliberales de evitar que los principios democráticos de libertad e igualdad se pongan en práctica en nuestros centros de enseñanza y otras esferas fundamentales de la sociedad[25]. Como afirma Chantal Mouffe, este es el modelo jacobino de la comunidad investigadora –o *scholarshit* (de *scholarship*, «erudición» y *shit*, «mierda») como la denominó acertadamente Herbet Marcuse– en la que uno intenta «destruir al otro con el fin de instaurar el punto de vista propio y no dejar al otro la posibilidad de defenderse democráticamente. Así es la lucha entre enemigos: la completa destrucción del otro»[26]. En resumen, el principio de no compromiso que se aplica en la cultura política encuentra a menudo su contrapartida en el personal de la comunidad investigadora en formas de pedagogía que no hacen mucho más que instrumentalizar, polemizar, confundir o aislar; y, por supuesto, este discurso y esta pedagogía en general no amenazan a nadie. No obstante, el mejor trabajo en materia de estudios culturales y de política cultural pone en entredicho la cultura del no compromiso político demostrando cómo los intelectuales pueden estar a la altura de la responsabilidad histórica que poseen de establecer la relación entre el rigor teórico y la relevancia social, la crítica social y la política práctica y la erudición individual y la pedagogía pública, como parte de un compromiso más amplio con la defensa de las sociedades democráticas. Se pueden encontrar ejemplos de modelos en el trabajo de Robin Kelly, Nancy Fraser, Chantal Mouffe, Stanley Aronowitz, Cornel West, Michael Dyson, Joy James, Lawrence Grossberg, Toni Morrison, Edward Said, Arif Dirlik, Stuart Hall, Bell Hooks, Ellen Wills, Carol Becker y Susan Bordo, entre otros. También se pueden encontrar en las luchas de los jóvenes de hoy en día, muchas de ellas en las universidades que están rompiendo los límites entre la vida académica y la política pública. Este activismo se puso de manifiesto recientemente en las actuaciones de miles de estudiantes universitarios que participaron en el movimiento en contra de la explotación en los campus, así como en las actuaciones de los valientes estudiantes de la Universidad de California en Berkeley que se manifestaron e hicieron huelgas de hambre para salvar el departamento de Estudios Étnicos[27]. Todos estos docentes y estudiantes parecen tomarse en serio la advertencia de Pierre Bourdieu:

No hay democracia genuina sin poderes críticos opuestos genuinos (...) [y es la obligación de estos intelectuales ser capaces] de hacer oír sus opiniones directamente en todos los ámbitos de la vida pública en los que son competentes[28].

Espero que este libro aporte una pequeña contribución a este tipo de esfuerzos.

---

25. A este respecto, véase el brillante y escalofriante análisis de WALLEN, J. (1998): *Closed Encounters: Literary Politics and Public Culture*. Minneapolis. University of Minnesota Press.
26. Chantal Mouffe citada en WORSHAM, L.; OLSON, G.A. (1999): «Rethinking Political Community: Chantal Mouffe's Liberal Socialism». *Journal of Composition Theory*, n. 19.
27. Este movimiento se resume de manera excelente en APELBAUM, R.; DREIER, P. (1999): «The Campus Anti-Sweatshop Movement». *The American Prospect*, n. 46 (septiembre-octubre de 1999), pp. 71-78. Véase el informe sobre la huelga en la Universidad de California en Berkeley y su resolución en JORDAN, J. (1999): «Good News of Our Own». *The Progressive* (agosto de 1999), pp. 18-19.
28. BOURDIEU, P. (1999): *Acts of Resistance*. Nueva York. New Press, pp. 8-9.

1

Replanteamiento de la política cultural: desafío al dogmatismo político de derechas y de izquierdas

> *[...] los multiculturalistas, las hordas de simpatizantes,*
> *aquejados por las enfermedades de los franceses, las pseudofeministas,*
> *los comisarios, las fanáticas de la cuestión del género y el poder,*
> *la multitud de nuevos historicistas y viejos materialistas [...]*
> *[me parecen] una representación monumental de los enemigos de la estética*
> *que nos están invadiendo.* (Harold Bloom[1])

> *Si queremos hacer política, tenemos que organizar grupos, coaliciones,*
> *manifestaciones, lobbies, lo que sea; tenemos que hacer política.*
> *No pensemos que nuestra labor académica ya es política.* (Todd Gitlin[2])

Introducción

Asediados por las poderosas fuerzas del vocacionalismo y de los guerreros culturales neoconservadores, por una parte, y por la presencia creciente de una ortodoxia de izquierdas, por otra, muchos académicos están en un fuego cruzado ideológico por lo que respecta a sus responsabilidades cívicas y políticas. La presión de los conservadores impulsa cada vez más a los educadores a definir su papel en el lenguaje de la cultura corporativa, respaldado por un llamamiento al discurso de la objetivi-

---
1. BLOOM, H. (1998): «They have the numbers; We have the Heights». *Boston Review* (abril/mayo 1998), p. 24.
2. GITLIN, T. (1997): «The Anti-Political Populism of Cultural Studies». *Dissent* (primavera de 1997), p. 82.

dad y la neutralidad que separa los aspectos políticos de los culturales y sociales. En el marco de este discurso, se está presionando cada vez más a los educadores para que se conviertan en siervos del poder corporativo, operarios multinacionales que funcionan en gran medida como especialistas no comprometidos y sujetos a los imperativos del profesionalismo académico. Pero los conservadores no son los únicos que intentan atacar la noción de política cultural progresista –la que vincula los conocimientos y el poder a los imperativos del cambio social– como fuerza democrática y compensatoria ante la corporativización de la cultura académica. Una pequeña pero influyente proporción de educadores progresistas y de izquierdas están instando a los docentes universitarios a renunciar a la universidad –cuando no a abandonarla totalmente– para participar en luchas políticas «reales». Dentro de este discurso es ideológicamente irrefutable afirmar, como Andrew Ross, que la política cultural constituye «una parte ineludible de cualquier defensa del cambio social»[3].

Lo que resulta sorprendente del ataque actual a la educación, especialmente en vista de la creciente corporativización y privatización de todos los niveles de la enseñanza, es la negativa que muestran muchos teóricos a replantear el papel que pueden desempeñar los académicos en la defensa de la universidad como esfera democrática pública crucial. Perdida en medio de estos debates se halla una visión de la universidad como entidad que requiere una revigorización de las nociones vigorizadas de coraje y acción cívicos que vayan dirigidas a clarificar lo que significa hacer que la docencia y el aprendizaje tengan más conciencia social y sean más responsables a nivel político en una época de auge del conservadurismo, el racismo y el corporativismo. Aún más sorprendente es el terreno común compartido por un número creciente de conservadores y progresistas que, por una parte, intentan reducir la pedagogía a un formalismo técnico o a una metodología cosificada o, por otra parte, definen limitadamente la política y la pedagogía según una dicotomía que opone los problemas materiales de trabajo y de clase supuestamente «reales» a una política de la cultura, de la textualidad y de la diferencia cada vez más fragmentadas y marginales.

Ataques conservadores y liberales a la política cultural

El ataque de la derecha a la cultura como ámbito de lucha pedagógica y política se hace patente en los escritos de tradicionalistas como Harold Bloom y Lynn Cheney y de liberales como Richard Rorty, que se lamentan de la muerte del romanticismo, de la inspiración y de la esperanza, víctimas del lenguaje del poder, de la política y del multiculturalismo.

Según Bloom, en el ámbito académico la crítica literaria ha sido reemplazada por la política cultural, lo que ha desembocado en nada menos que la renuncia a la

---

3. ROSS, A. (1998): *Real love: In Pursuit of Cultural Justice.* Nueva York. NYU Press, p. 3.

búsqueda de la verdad y la belleza que en un tiempo definieron la actividad académica universalista e imparcial. Bloom no puede soportar la política de lo que denomina *clubs de identidad,* argumentando que «el multiculturalismo es una mentira, una máscara de mediocridad para la policía académica de control del pensamiento, la Gestapo de nuestros campus»[4]. La intención de Bloom es situar la cultura exclusivamente en la esfera de la belleza y de la trascendencia estética, sin ser estorbada ni corrompida por la política, la lucha sobre la memoria pública o el imperativo democrático de la autocrítica y la crítica social. Para Bloom, la política cultural es el producto del sentimiento de culpa cultural, un vestigio de los años sesenta que da lugar a lo que denomina la Escuela del resentimiento[5].

Pero hay más cosas en juego para Bloom y sus colegas conservadores en la deslegitimación de la investigación de la relación entre la cultura y el poder. Ansiosos por hablar en nombre de grupos desfavorecidos, los conservadores afirman que la política cultural degrada a los oprimidos y no tiene nada que ver con sus problemas. Mantienen que ésta ni libera ni informa, sino que más bien contribuye a la disminución gradual del nivel educativo y a la pérdida de valores, al dar prioridad a la cultura visual en detrimento de la cultura impresa, a la cultura popular en vez de a la cultura elevada. Según Bloom, sustituir *Julio César* por *El color púrpura* indica un descenso del nivel educativo y la presencia de un «peligro de desmoronamiento cultural»[6]. Como guardián de un pasado mejor, Bloom no se anda con remilgos al equiparar la literatura que tradicionalmente se ha marginado en la universidad con formas de cultura popular degradantes. Según sus propias palabras:

> Los «resentidos» hablan incansablemente de poder, así como de razas y de género: se trata de estratagemas arribistas que nada tienen que ver con los insultados y los injuriados, cuyas vidas no mejorarán porque leamos los pésimos versos de los que afirman que están oprimidos. Nuestras escuelas, al igual que nuestras universidades, se abandonan a estos absurdos; sustituir Julio César por El color púrpura difícilmente puede ser un camino hacia el enriquecimiento espiritual. Un país en el que la televisión, el cine, los ordenadores y Stephen King han reemplazado a la lectura ya está en peligro grave de desmoronamiento cultural. Y el peligro aumenta de forma espectacular al poner la educación en manos de ideólogos cuyo resentimiento más profundo se manifiesta en contra de la propia poesía[7].

Al mezclar la literatura minoritaria con la cultura popular y el descenso del nivel educativo, Bloom revela convenientemente y sin ningún reparo su desprecio hacia las minorías de raza, clase o género y sus reivindicaciones «maleducadas» de ser

---

4. BLOOM, H. (1998): «They have the numbers; We have the Heights». *Boston Review* (abril/mayo 1998), p. 27.
5. BLOOM, H. (1994): *The Western Canon.* Nueva York. Riverhead Books, p. 29. La postura de Bloom está basada en la nostalgia por los buenos tiempos en que las universidades tenían por alumnos a una selecta minoría que, al acabar sus estudios, se convertían en escritores y lectores de talento con el deseo de perpetuar una tradición estética purgada de la contaminación de la política, la ideología y el poder.
6. BLOOM, H. (1998), *op. cit.,* p. 28.
7. *Ibídem.*

incluidas en los planes de estudios de la educación superior y en la historia y la vida política de la nación. La diatriba de Bloom carece totalmente de sinceridad, dado su recurso a la excelencia y el objetivismo. La postura conservadora de Bloom sería más interesante si su desdén por lo ideológico se pudiese interpretar sólo como algo irónico pero, desgraciadamente, parece expresarse con total seriedad cuando explica su visión retrógrada de los cánones, los docentes y la finalidad de la universidad desde una postura liberada del discurso contaminado de la política y la ideología.

En el discurso de Bloom no hay cabida para teorizar las conexiones dialécticas que existen entre la *cultura* y la *política*. Apenas tiene en cuenta cómo los procesos culturales forman parte inextricablemente de las relaciones de poder que estructuran los símbolos, las identidades y los significados que determinan la configuración de importantes instituciones como la educación, las artes y los medios de comunicación. Tampoco muestra la más mínima intención de teorizar sobre cómo el carácter político de la cultura puede hacer posible un compromiso sano y constante con todas las formas de práctica pedagógica y con la autoridad sancionada institucionalmente que les da legitimidad. Bloom no muestra más que desprecio hacia los educadores que intentan comprender cómo la política cultural puede ser apropiada para enseñar al alumnado a ser crítico con las formas dominantes de autoridad, que sancionan lo que cuenta como teoría, tanto dentro como fuera de los centros de enseñanza, legitiman el conocimiento, determinan la adopción de posturas concretas por parte de los individuos y hacen afirmaciones específicas sobre la memoria pública. En su lugar, Bloom se hace eco de otros portavoces de la derecha, como George Will, Dinesh D'Souza, Hilton Kramer y Richard Bernstein, quienes ridiculizan a multiculturalistas, feministas y a otros por propagar «estudios de la opresión», «estudios de las víctimas», «historia terapéutica» y formas diversas de «levantar el ánimo étnico». En este discurso, las voces de oposición dentro del ámbito académico son desechadas por «bárbaras», porque amenazan lo que son las supuestas nociones trascendentes de *civilización, verdad, belleza* y *cultura común*.

Para Bloom, la pedagogía es una disciplina despolitizada y sin ninguna problemática. Al desestimar la contribución que los educadores radicales han aportado a la teorización de la práctica pedagógica, Bloom desdeña totalmente cualquier intento crítico en el seno de la universidad dirigido a ampliar las posibilidades políticas de lo pedagógico. En el discurso de Bloom no se aprecia ningún intento serio de luchar contra las implicaciones que tiene tratar la pedagogía como una forma de regulación moral y política en lugar de como una técnica o un método establecido. Del mismo modo, los argumentos de Bloom no ofrecen ninguna teoría de la pedagogía. Por consiguiente, es incapaz de concebir la práctica pedagógica como el resultado de las luchas sociales entre diferentes grupos sobre cómo deben definirse los ciudadanos, qué papel desempeña la pedagogía en la determinación de los conocimientos sobre los cuales vale la pena investigar seriamente, o cómo la pedagogía proporciona al alumnado las condiciones necesarias para reconocer las formas antidemocráticas de poder. Pero todo esto está muy por encima del alcance teórico e ideológico de Bloom, ya que sugerir que estos aspectos son susceptibles de un debate serio significaría para Bloom tener que reconocer que su propia pedagogía es una actividad política y que su crítica de la política cultural emplea los mismísimos procesos ideológicos que él desestima con tanta vehemencia.

Lynn Cheney, por otro lado, abraza lo político como parte de una crítica más activista de la política cultural de izquierdas tanto dentro como fuera de la universidad. Como antiguo jefe del National Endowment for the Humanities (NEH) y director actual del activista National Alumni Forum, Cheney argumenta que las tendencias progresistas en la academia están minando lo que él denomina *herencia cultural nacional*. Al afirmar que el profesorado «activista» está abusando del principio de libertad académica, Cheney ha intentado demonizar a la comunidad investigadora progresista definiéndola como una amenaza tanto para la universidad como para las tradiciones más valiosas de la civilización occidental. Cheney lo explicó detalladamente en un discurso que pronunció ante el American Council of Learned Societies en 1988. Según sus palabras:

Cuando más me preocupa la situación de las humanidades en nuestras universidades no es cuando veo teorías e ideas compitiendo ferozmente, sino cuando las veo convergiendo perfectamente, cuando veo la crítica feminista, el marxismo, diversas formas de postestructuralismo y otros planteamientos ejerciendo presión todos ellos sobre un concepto y amenazando con reemplazarlo. Pienso específicamente en el concepto de civilización occidental, que se ha sometido a una seria presión en muchos aspectos, tanto políticos como teóricos. Acusada de elitista, sexista, racista y eurocéntrica, esta idea esencial y fundamental de nuestro sistema educativo y de nuestra herencia intelectual se declara como algo que no es digno de estudio[8].

El ataque de Cheney a la política cultural en la universidad redefine la relación entre cultura, poder y conocimientos, retirando el énfasis político de las discusiones sobre los planes de estudio para hacer hincapié en la política que debe establecer las condiciones institucionales en las que se producen los conocimientos, se contrata y se evalúa al personal docente y se otorgan las credenciales. Como Ellen Messer-Davidow ha documentado de forma brillante, esto es evidente en los esfuerzos realizados por conservadores como Lynn Cheney, William Bennett y William Kristol, entre otros, con el respaldo de grupos conservadores como las fundaciones Olin y Bradley, para atacar a las instituciones y recursos extraacadémicos con el fin de reestructurar la educación superior según líneas ideológicas retrógradas[9]. Existen abundantes ejemplos, entre los que se hallan los intentos de los conservadores de retirar la financiación al National Endowment for the Art y al NEH, de desmantelar las políticas de acción afirmativa en las universidades y en los organismos estatales y de alentar a «los graduados y los consejos de administración a censurar y/o a retirar la financiación de cursos y programas de estudio "inapropiados"»[10]. Señalados por el dedo acusador de lo políticamente correcto, los conservadores como Cheney se burlan de

---

8. CHENEY, L. (1998): «Scholars and Society». *American Council of Learned Societies Newsletter*, n. 1 (verano de 1998), p. 6.
9. MESSER-DAVIDOW, E. (1997): «White Cultural Studies?», en LONG, E. (ed.): *From Sociology to Cultural Studies*. Malden. Basil Blackwell, p. 491.
10. Citado en BERUBE, M. (1998): *The Employment of English: Theory, Jobs, and the Future*. Nueva York. NYU Press, p. 181.

la politización de la cultura, del ascenso de los programas de «defensa» de diversas causas como los estudios afroamericanos, los estudios culturales y los estudios sobre la mujer. John Silber, ex presidente de la Boston University, reveló en un informe de 1993 para el consejo de administración el flagrante desprecio por la libertad académica que se esconde bajo la lucha contra lo políticamente correcto en la universidad. Silber escribió, sin ironía:

> Esta Universidad se ha mantenido dedicada, sin disculparse por ello, a la búsqueda de la verdad y se ha resistido fuertemente a lo políticamente correcto [...] nos hemos resistido a la moda pasajera de los estudios jurídicos críticos [...] En el departamento de lengua inglesa y en los departamentos de literatura, no hemos permitido que los estructuralistas y los desconstructivistas tomen las riendas. Nos hemos negado a admitir la terapia de danza. [...] Nos hemos resistido a la historia revisionista... En el departamento de filosofía nos hemos resistido a la Escuela de teoría crítica de Frankfurt [...] Nos hemos resistido a los dogmas oficiales del feminismo radical. Hemos hecho lo mismo respecto a la liberación de gays y lesbianas y a la liberación de los animales [...] Nos hemos resistido a la moda del afrocentrismo. No hemos caído en las garras de los multiculturalistas[11].

De creer a los conservadores, no están involucrados en una forma particular de política cultural e institucional, al menos en su versión ideológica, sino que se limitan a purgar la universidad de feministas, multiculturalistas y otros grupos progresistas para promover la excelencia, elevar el nivel educativo y crear un clima universitario objetivo que facilite la búsqueda intelectual de la verdad y la belleza. Este tipo de acciones, respaldadas por los recursos y el poder de fuerzas conservadoras como el Madison Center for Educational Affairs, el Intercollegiate Studies Institute, la Olin Foundation y la National Association of Scholars, revelan una ortodoxia ideológica peligrosa. En este caso, la amenaza a la libertad académica no proviene tanto de los docentes universitarios de izquierdas como de los demagogos administrativos y de las organizaciones de derechas que quieren controlar y censurar los conocimientos que no se someten a los imperativos legitimadores de los cánones académicos tradicionales.

El liberalismo y el poder del pensamiento positivo

Aunque Richard Rorty no niega que lo político constituya una categoría significativa de la vida pública, la desvincula de la cultura y por lo tanto legitima una división conceptual clara entre política y cultura, así como una lectura ideológicamente limitada de la estética, la pedagogía y la política. Según Rorty, no puedes «encontrarle un valor inspirador a un texto si al mismo tiempo lo estás considerando como un [...] mecanismo de producción cultural»[12]. Rorty cree firmemente en la división rígida entre comprensión y esperanza, mente y corazón y pensamiento y acción.

---

11. Silber citado en RASKIN, J. (1994): «The Great PC Cover-Up». *California Lawyer* (febrero de 1994), p. 69.
12. RORTY, R. (1996): «The Inspirational Value of Great Works of Literature». *Raritan*, n. 16, p. 13.

Rechaza el trabajo de teóricos críticos como Stuart Hall, Larry Grossberg, Paulo Freire y otros, que creen que la esperanza es una práctica consistente en ser testigo, un acto de imaginación moral y de pasión política que ayuda a los educadores y a otros trabajadores culturales a pensar de otra manera para actuar de otra manera. Además, Rorty comparte con Bloom, aunque por razones distintas, el discurso de decadencia cultural que parece ser el lamento de tantos académicos consagrados, varones y de raza blanca. Rorty quiere que los progresistas sean más optimistas, que abandonen su política cultural de la queja y que aporten imágenes positivas de Estados Unidos. Quiere que las feministas dejen de autocomplacerse en una política del victimismo, vinculando lo político a lo personal para que puedan adoptar una política que se aplique a «la vida real». Además, como señala Lindsay Waters:

> *Rorty quiere escuchar cosas bonitas. Sin embargo, no le interesa la cultura popular, aunque a veces presente imágenes positivas de Estados Unidos, porque en su opinión la cultura popular es fuente de imágenes chovinistas, de derechas y simplonas del país. Lo que le interesa a él es la «cultura elevada»*[13].

En vista de la aversión de Rorty hacia la cultura popular, no debe resultar sorprendente el hecho de que muestre un desdén similar hacia los educadores que sitúan los textos dentro de la política más amplia de la representación y que conciben la pedagogía como una práctica política. Pero la crítica más dura la reserva para la izquierda cultural que se niega a «hablar de dinero», de legislación o de reforma del bienestar social y desperdicia sus recursos intelectuales y críticos en «disciplinas académicas como la historia de la mujer, la historia negra, los estudios gays, los estudios hispanoamericanos o los estudios sobre los inmigrantes»[14]. Rorty desdeña a los académicos progresistas por colocar la política cultural por delante de la política real:

> *[y] acusa a los envejecidos simpatizantes de la Nueva Izquierda que pueblan el ámbito académico de algo peor que la falta de valor. Son traidores, afirma, colaboracionistas: al permitir que los asuntos culturales suplanten a la «política real», han colaborado con la derecha para que los aspectos culturales sean centrales en el debate político*[15].

Para Rorty, la izquierda cultural tiene que transformarse en una izquierda económica reformada que trate cuestiones políticas «concretas» como la reforma de las leyes de financiación de las campañas, la abolición de la financiación local de la educación pública y la lucha por un seguro médico universal. Estos son objetivos loables para cualquier izquierda, pero según Rorty no pueden tratarse mediante una política cultural que complica y sobrecarga la resistencia política a través de un lenguaje que habla de cómo funciona el poder en la cultura popular o que aborda la política a través de los conceptos relacionados de *raza*, *género* y *orientación sexual*. Dichos objetivos tampoco pueden tratarse ampliando el ámbito político con la inclusión de

---

13. WATERS, L. (1998): «Dreaming with Tears In My Eyes». *Transition*, n. 7, p. 86.
14. RORTY, R. (1998): «The Dark Side of the American Left». *The Chronicle of Higher Education* (3 de abril de 1998), p. B5.
15. WATERS, L. (1998): *op. cit.*, p. 85.

diversos movimientos sociales organizados alrededor de aspectos como el SIDA, la orientación sexual, la ecología, el feminismo y las luchas antirracistas. Rorty parece olvidar, como indica Homi Bhabha, que su llamada a una política reconstruida de la izquierda se acerca peligrosamente a una reproducción del legado de un marxismo ortodoxo. Constitutivos de tal legado son:

> La reducción de la esfera pública cultural al ámbito del determinismo económico; el apoyo a los sindicatos en detrimento de los trabajadores pertenecientes a minorías étnicas o de sexo femenino cuyas «diferencias» y discriminaciones se subordinan a los intereses de clase; la homofobia y la xenofobia que tan fácilmente pervierten el patriotismo[16].

Rorty, al igual que ideólogos conservadores como Harold Bloom, cree que la universidad y las escuelas públicas no constituyen una arena pública viable en donde librar luchas políticas no doctrinarias. Según Rorty, lo político no incluye las esferas culturales que tratan sobre la pedagogía, los conocimientos y la producción de identidades que median en la relación entre el individuo y la sociedad. La cultura no es una esfera en la cual las luchas políticas se puedan llevar a cabo con una visión amplia de la justicia social. En el marco de la estrechez de miras de este lenguaje, la política cultural se desprecia o bien como una política de la diferencia autocomplaciente y limitada o como una política victimista.

De creer a Rorty, la izquierda puede salir de su supuesto *impasse* político con sólo abandonar la teoría (que ha producido algunos libros buenos, pero que no ha hecho nada para cambiar el país) y dejando atrás su «antiamericanismo semiconsciente, que acarrea desde finales de los años 60»[17].

Las críticas que se centran en la raza, el género, la orientación sexual, la cultura popular, la enseñanza y otras cuestiones meramente culturales no sólo constituyen una forma equivocada de política de la identidad, sino que contienen «dudas sobre nuestro país y nuestra cultura» injustificadas (¿antipatrióticas?) y deberían reemplazarse por «propuestas de cambios legislativos»[18]. Rorty quiere una política progresista daltónica y concreta, una política en donde la cuestión de la diferencia es en gran medida irrelevante para un materialismo renaciente que se define como la antítesis de lo cultural. En la concepción que tiene Rorty de la política, lo pedagógico se reduce a la organización del trabajo de los viejos tiempos, que beneficiaba principalmente a los varones blancos y no cuestionaba las exclusiones tan fundamentales para su propia definición. En resumen, Rorty caricaturiza a la derecha cultural, tergiversa cómo los movimientos sociales han trabajado para ampliar la palestra de las luchas democráticas[19], e ignora lo fundamental que es la cultura como fuerza pedagógica para dar significado a la política y convertirla en objeto de crítica y de transforma-

---

16. BHABHA, H. (1998): «The White Stuff». *Artforum* (mayo de 1998), p. 22.
17. RORTY, R. (1998): *op. cit*, p. B6. Este mismo argumento se expone con mayor detalle en RORTY, R. (1998): *Achieving Our Country: Leftist Thought in 20th-Century America*. Cambridge. Harvard University Press.
18. RORTY, R. (1997): «Firsts Projects, Then Principles». *The Nation* (22 de diciembre de 1997), p. 19.
19. En KELLEY, R.D.G. (1997): *Yo' Mama's Disfunktional!* Boston. Beacon Press, se presenta una brillante réplica a este tipo de amnesia histórica.

ción. Además, a los liberales como Rorty olvidan, cuando les interesa, las condiciones y formas históricas específicas de opresión que llevaron al auge de la «nueva derecha» y de los nuevos movimientos sociales, que el teórico cultural británico Stuart Hall considera esenciales en sus argumentos contra un retorno simplista a la política totalizadora de la lucha de clases, es decir, a una política que considera que su visión del mundo lo abarca todo y, por lo tanto, desestima cualquier otra explicación. Hall nos recuerda perspicazmente que para crear su pensamiento político en los años sesenta, los progresistas tuvieron que enfrentarse al legado del estalinismo, a la burocracia de la guerra fría y a las jerarquías claramente racistas y sexistas de las organizaciones de izquierdas tradicionales[20]. La clase no era la única forma de dominación y fue gracias a ellos que algunos teóricos de la nueva izquierda sacaron a la luz las formas diversas y a menudo interconectadas de opresión organizadas contra las mujeres, las minorías étnicas, los homosexuales, las personas de edad avanzada, los discapacitados y otros.

La ortodoxia de izquierdas y el hostigamiento a la política cultural

El ataque a la cultura como ámbito político no sólo se manifiesta en las obras de conservadores como Harold Bloom o Lynn Cheney y de liberales como Richard Rorty, sino también está ganando terreno en los escritos de varios renegados de la nueva izquierda, entre los que destacan Todd Gitlin, Michael Tomasky y Jim Sleeper[21]. A diferencia de Bloom y Rorty, Gitlin y sus seguidores ideológicos hablan desde la posición ventajosa de la política de izquierdas, pero manifiestan un desprecio similar hacia la política cultural, la cultura popular, la pedagogía y las diferencias basadas en la raza, la etnia, el género y la orientación sexual. A continuación, destaco algunos de los argumentos recurrentes defendidos por este grupo, centrándome en el trabajo de Todd Gitlin, que ha criticado ampliamente la preocupación actual por parte de muchos académicos izquierdistas y progresistas por la política cultural[22].

---

20. CHAN, K.-H. (1996): «The Formation of a Diasporic Intellectual: An Interview with Stuart Hall» en MORLEY, D.; CHEN, K.-H. (ed.): *Stuart Hall: Critical Dialogues in Cultural Studies.* Nueva York. Routledge, pp. 484-503.
21. Véase GITLIN, T. (1995): *Twilight of Our Common Dreams.* Nueva York. Metropolitan Books; TOMASKY, M. (1996): *Left for Dead: The Life, Death and Possible Resurrection of Progressive Politics in America.* Nueva York. The Free Press; SLEEPER, J. (1990): *The Closest of Strangers.* Nueva York. W.W. Norton. Véanse también diversas críticas de los estudios culturales en FERGUSON, M.; GOLDING, P. (1997): *Cultural Studies in Question.* Thousand Oaks, CA. Sage, que incluye un capítulo escrito por Gitlin. Uno de los ataques más duros a la política cultural y a los estudios culturales se halla en SOKAL, A.; BRICMONT, J. (1998): *Fashionable Nonsense: Postmodern Intellectuals' Abuse of Science.* Nueva York. Picador. Para una buena crítica de la postura de Sokal y Bricmont, véase STRIPHAS, T.: «Cultural Studies, "So-Called"». *Review of Education/Pedagogy/Cultural Studies.* [Próxima publicación]
22. El mejor desarrollo de este argumento por parte de Gitlin se encuentra en GITLIN, T. (1995): *Twilight of Our Common Dreams.* Nueva York. Metropolitan Books.

Para Gitlin, las luchas culturales contemporáneas, especialmente las emprendidas por movimientos sociales basados en la orientación sexual, el género, la raza, la política de la representación y, de forma más amplia, en el multiculturalismo, no son más que un sustitutivo poco convincente de la política del «mundo real», es decir, la que hace hincapié en la clase, el trabajo y las desigualdades económicas. Según Gitlin, los movimientos sociales que rechazan la primacía de la clase desacreditan la política; sirven principalmente para dividir la izquierda en sectas de identidad, no «abordan las cuestiones de igualdad económica y de redistribución»[23], y no ofrecen una visión unificada del bien común capaz de desafiar al poder empresarial y a los ideólogos de derechas.

La crítica que Gitlin hace de los movimientos sociales se basa en diversas omisiones y evasiones.

En primer lugar, al *presuponer que la clase es una categoría trascendente y universal que puede unir a la izquierda,* Gitlin no tiene en cuenta una historia en donde la política de clases se utilizó para dejar en segundo plano y domesticar las cuestiones planteadas por los grupos oprimidos a causa de su raza, género y orientación sexual. Marcado por la presuposición de que las consideraciones de raza y de género no podían contribuir a una noción general de emancipación, el legado de la política de clase se caracteriza por un historial de subordinación y exclusión de los movimientos sociales marginales. Además, fue precisamente a causa de la subordinación y la represión de la diferencia que los grupos sociales se organizaron para articular sus objetivos, historias e intereses respectivos fuera de la ortodoxia de la política de clases. Judith Butler está en lo cierto cuando señala:

> Lo deprisa que nos olvidamos de que los nuevos movimientos sociales basados en principios democráticos se articularon en contraposición a la izquierda hegemónica, así como a un centro liberal cómplice y a una derecha realmente amenazadora[24]. Por otra parte, Gitlin no sólo limita el sujeto social a la categoría prístina de la clase, sino que sólo puede imaginarse la lucha de clases como una postura de los individuos unificada y preestablecida, en lugar de como un espacio cambiante y negociado marcado por factores históricos, simbólicos y sociales, que incluye las complejas negociaciones sobre raza y género[25]. En este discurso se olvida la historia del sectarismo basado en las clases, se magnifica la categoría de clase y se define la política de forma tan limitada que se paraliza la relación abierta y cambiante entre la cultura y el poder[26].

En segundo lugar, al *reducir todos los movimientos sociales a las formas más esencialistas y rígidas de la política de la identidad,* Gitlin parece no entender cómo

---

23. BUTLER, J. (1997): «Merely Cultural». *Social Text,* n. 15, (otoño/invierno de 1997), p. 266.
24. *Ibídem,* p. 268.
25. Estos aspectos los trato también en GIROUX, H.A. (1996): *Race, Violence & Youth.* Nueva York. Routlege, y GIROUX, H.A. (1998): *Channel Surfing: Racism, the Media, and the Destruction of Today's Youth.* Nueva York. St. Martin's Press.
26. Para un análisis inteligente de esta postura, véase GROSSBERG, L. (1997): «Cultural Studies: What's in a Name?», en *Bringing It All Back Home: Essays on Cultural Studies.* Durham. Duke University Press, pp. 245-271.

se vive realmente el concepto de *clase* a través de las relaciones cotidianas de raza y género. En el discurso de Gitlin, los movimientos sociales se definen como limitados y particularistas; por lo tanto, le resulta imposible «concebir los movimientos sociales como esenciales para la política de clase»[27]. El historiador Robin Kelly, por ejemplo, señala perspicazmente que Gitlin y otros no han sabido reconocer cómo la AIDS Coalition to Unleash Power (ACT UP), un movimiento de lucha contra la discriminación de gays y lesbianas, a través de sus variadas manifestaciones y campañas de bombardeo mediático, dieron visibilidad al SIDA como enfermedad mortal, que en la actualidad se está ensañando especialmente con las mujeres negras pobres[28]. Tampoco reconocen cómo el movimiento feminista sacó a la luz el carácter político radical de la experiencia cotidiana para mostrar que existían formas específicas de machismo que no se cuestionaban en esferas consideradas de forma tradicional como claramente apolíticas. Al vincular lo personal a lo político, por ejemplo, las feministas mostraron la dinámica del abuso sexual, especialmente cómo azotaba a las comunidades pobres negras y blancas. Ni tampoco comprenden cómo se puede educar a toda una generación de jóvenes para que reconozcan las ideas racistas, sexistas, colonialistas y clasistas que impregnan la publicidad, las películas y otros aspectos de la cultura mediática que inundan la vida diaria. O cómo los jóvenes han participado activamente en formas de política cultural a través de movimientos como Radical Community y Youth Work, las luchas contra las políticas laborales de explotación de los trabajadores apoyadas por las inversiones universitarias, la defensa de los derechos civiles de gays y lesbianas y «Rock contra el racismo» y otras formas de protesta política. En todos los casos, estos movimientos desarrollados en el frente cultural han utilizado importantes formas de resistencia concebidas para reivindicar la lucha política relacionada con el desafío a los modos dominantes de «sentido común» como condición previa para construir movimientos sociales más amplios y cambiar el poder institucional.

En tercer lugar, el llamamiento de Gitlin *a la defensa de los principios de la mayoría cae fácilmente en la táctica reaccionaria de echar la culpa de la actual reacción airada de los blancos* a las minorías, llegando a afirmar que debido a que los seguidores de la política de la identidad (luchas organizadas alrededor de los intereses específicos de género, raza, edad y orientación sexual), se despreocuparon por los aspectos materiales, abrieron las puertas a un ataque acérrimo por parte de los conservadores de derechas contra los trabajadores y los pobres. Al mismo tiempo, en su discurso, Gitlin hace responsable a la política de la identidad de permitir que la derecha atacase a «la retórica de defensa racial como método para desviar la atención de la reestructuración económica que ha perjudicado a la mayor parte de los estadounidenses»[29]. Alineándose de forma inconsciente con la derecha, Gitlin parece no querer reconocer que el legado histórico de la esclavitud, el imperialismo, la formación de ghettos urbanos, la segregación, la exterminación de los amerindios, la gue-

---

27. KELLEY, R. (1997): *op. cit.,* pp. 113-114.
28. *Ibídem.*
29. YOUNG, I.M. (1997): «The Complexities of Coalition». *Dissent* (invierno de 1997), p. 67.

rra contra los inmigrantes y la discriminación de los judíos tal como se ha vuelto a reescribir en el discurso de la historia de Estados Unidos puede disgustar a una mayoría de la población que encuentra más cómodo echar la culpa a los grupos minoritarios de sus problemas que reconocer su propia complicidad.

Frente a esta amnesia histórica, el llamamiento al patriotismo, los valores de la mayoría y la unidad comparten una innoble relación con un pasado en el que tales principios estaban arraigados en la ideología de la supremacía blanca, la presunción de que la esfera pública era exclusivamente blanca y el énfasis en una «noción de clase racialmente limpia»[30]. Si la política de la identidad supone una amenaza a la entrañable (por trascendente y universal) categoría que representa la clase para algunos críticos, como argumenta Robin Kelley, puede que sea porque estos críticos no entienden cómo se vive realmente la noción de clase a través de la raza, la orientación sexual y el género, o quizá sea que el retorno a una forma de lucha de clases contra el poder empresarial constituya sencillamente otra forma de política de la identidad: una campaña basada en la identidad que proviene del temor y la repugnancia que sienten los varones blancos que no pueden imaginarse participando en movimientos dirigidos por afroamericanos, mujeres, latinos, o gays y lesbianas hablando en nombre de todos, o incluso adoptando el humanismo radical[31].

Finalmente, el materialismo de Gitlin encuentra su antítesis en una versión de los estudios culturales que es pura caricatura. Según Gitlin, los estudios culturales son una forma de populismo que intenta encontrar resistencia en las prácticas culturales más prosaicas, ignorando el crecimiento incansable de las desigualdades económicas y prescindiendo totalmente de las relaciones materiales de poder. Banales por su negativa a discernir entre, por una parte, cultura de la excelencia y orden político y económico y, por otra parte, las actividades triviales de la cultura de consumo, los estudios culturales se convierten en símbolo de mala fe y de irresponsabilidad política. Según Gitlin, «la cultura popular es el premio de consolación» al que se aferran los progresistas que se niegan a «detenerse a pensar en realidades desagradables» asociadas al empeoramiento de las condiciones de los pobres y a la agudización de las desigualdades de clase[32]. Para los teóricos de los estudios culturales –afirma Gitlin– no tiene relevancia que los afroamericanos sufran enormes injusticias materiales, porque lo que realmente importa es que «tienen el rap»[33]. Parece ser que, según Gitlin, los estudios culturales «deberían liberarse de la carga de imaginarse que son una práctica política»[34], ya que el lugar donde se realiza la mayor parte de su labor es la universidad, un lugar totalmente desacreditado para los intelectuales en lo que respecta a tratar las cuestiones más apremiantes de nuestro tiempo. En vez de asumir la responsabilidad de lo que el teórico cultural británico Stuart Hall denomina «traducir los conocimientos a la práctica de la cultura»[35], los académicos, según

---

30. BUTLER, J. (1997): op. cit., p. 268.
31. KELLEY, R.D.G. (1998): op. cit.
32. GITLIN, T. (1997): «The Anti-Political Populism of Cultural Studies». Dissent (primavera de 1997), p. 81.
33. Ibídem.
34. Ibídem., p. 82.
35. HALL, S.: «The Emergence of Cultural Studies and the Crisis of the Humanities». October, n. 53 (verano de 1990), p. 18.

Gitlin, deberían anteponer la «política real» a los aspectos culturales, «no confundir la esfera universitaria con el mundo» [y] concentrar sus esfuerzos en organizar «grupos, coaliciones y movimientos»[36].

El modelo político de Gitlin es característico de un economismo renaciente fundamentado en la noción de lucha de clases y en el que se afirma: «podemos hacer lucha de clases o cultura, pero no ambas»[37]. En este marco, los movimientos sociales son rechazados por considerarse meramente culturales, y lo cultural deja de concebirse como un terreno serio para la lucha política. Desgraciadamente, esta crítica no sólo no reconoce que los asuntos de raza, género, edad, orientación sexual y clase están entrelazados, sino que también se niega a reconocer la función pedagógica de la cultura en la construcción de identidades, la movilización de deseos y la conformación de los valores morales. Gitlin tacha de «falsa consciencia» el intento de muchos teóricos por reconocer que los estudios culturales son, en parte, un proyecto pedagógico preocupado por cómo se construye y se divulga la sabiduría en relación con la materialidad del poder, los conflictos y la opresión. Le resulta totalmente indiferente el proyecto político consistente en analizar la relevancia de la fuerza educativa de la cultura (elevada y popular) para enseñar a los adultos, a los estudiantes, a los trabajadores y a los demás a prestar atención a las diferentes dinámicas de poder, a través de análisis críticos continuos de cómo influyen los conocimientos, el significado y los valores en la producción, la recepción y la transformación de las identidades sociales, de diversas formas de discurso ético y de una serie de afirmaciones sobre la memoria histórica. Gitlin no entiende la importancia que tiene la pedagogía cultural para vislumbrar cómo están construidas las identidades en un amplio sector de lugares aparte de los centros de enseñanza. Tampoco es sensible a la tarea pedagógica de enseñar a las personas a poner en entredicho a la autoridad, a resistir, a «desaprender los privilegios» y a utilizar de forma estratégica la teoría y los conocimientos para que el aprendizaje sea fundamental para el propio cambio social.

Lo que sorprende del ataque de Gitlin a los estudios culturales y de su desprecio hacia la política cultural es que la relevancia pedagógica y política de este tipo de estudios forma parte de una larga historia teórica que le debe mucho al marxismo crítico. Por ejemplo, la importancia crucial de vincular lo político a lo pedagógico es evidente en la reflexión de Antonio Gramsci «Cada relación de "hegemonía" es necesariamente una relación educativa»[38]. También está clara en el perspicaz argumento de Raymond Williams de que una política cultural crítica tiene que reconocer «la fuerza educativa de la experiencia social y cultural en conjunto [...] [como un aparato de instituciones y relaciones que] educa de forma activa y profunda»[39]. Se podría añadir, además, la insistencia de Theodore Adorno y Max Horkheimer en que las cuestiones de cultura no se pueden desligar de las cuestiones económicas y políticas

---

36. GITLIN, T. (1997): «The Anti-Political Populism of Cultural Studies». *Dissent* (primavera de 1997), p. 82.
37. WILLIS, E. (1998): «We Need a Radical Left». *The Nation* (29 de junio de 1998), p. 19.
38. GRAMSCI, A. (1971): *Selections from Prison Notebooks*. Nueva York. International Press, p. 350. [Editado y traducido por Quinten Hoare y Geoffrey Smith]
39. WILLIAMS, R. (1967): *Communications*. Nueva York. Barnes and Noble, p. 15.

ni se pueden descartar como meramente superestructurales[40]. Lamentablemente, la crítica de Gitlin a los estudios culturales como forma de populismo retrógrada no tiene en cuenta la relevancia de la política cultural y de la pedagogía como proyecto histórico, ni tampoco su importancia política actual para tratar los asuntos interrelacionados de cultura, sujeto, resistencia y poder. Sin embargo, al separar la política de la cultura, Gitlin acaba «no sólo despolitizando la cultura sino también, con resultados igualmente empobrecedores, "desculturizando" la política»[41] Irónicamente, las consecuencias de esta postura no sólo minan la propia viabilidad de la política y de la lucha política, especialmente para aquellos que piensan que hacer que la política sea más pedagógica es crucial para su toma de conciencia política y su posible acción en contra de diversas formas de opresión. Como señalan Janet Batsleer y sus colegas:

Al separar la política del ámbito semiótico de los signos, las imágenes y los significados, la aleja de las vidas y los intereses de la «gente normal», quienes a su vez son inducidos a aceptar que no son capaces de reflexionar y de actuar a nivel político, y que estos temas les aburren[42].

Al afirmar que la política cultural desvía nuestra atención de los problemas reales, predominantemente económicos en este caso, Gitlin construye una dicotomía entre cultura y economía que es, como apunta Andrew Ross, «discapacitadora y divisiva»[43]. En contraposición a dicha afirmación, Ross argumenta con acierto que las fuerzas culturales y económicas dependen las unas de las otras y que son fundamentales para cualquier teoría radical de la política cultural.

Las amplias fuerzas económicas que afectan cada día a nuestro trabajo, nuestras comunidades y nuestros hábitats naturales son los elementos más poderosos de nuestras vidas sociales. El poder con el que actúan sobre nuestro mundo lo ejercitan a través de formas culturales: instituciones legales, educativas, políticas y religiosas; objetos y documentos valorados; identidades sociales; códigos de inviolabilidad moral; ideas imperantes sobre la vida buena; y el temor a la ruina, entre otros. Sin estas formas, la actividad económica se queda en una abstracción desvinculada de la realidad en los libros y las bases de datos de los registros financieros. Si no intentamos entenderlas, estamos empobreciendo nuestras oportunidades de seguir construyendo esos derechos, aspiraciones y afinidades colectivas que prometen alternativas al *statu quo*[44].

Con el fomento de una falsa dicotomía entre la política cultural y la política «real» basada en la economía, Gitlin sustituye un compromiso riguroso con las categorías interrelacionadas y complejas de significado, cultura, poder institucional y contexto material de la vida cotidiana por una concepción dogmática y limitada de

---

40. ADORNO, T.W.; HORKHEIMER, M. (1972): *Dialectic Enlightment.* Nueva York. Seabury Press. [Traducido por John Cumming]
41. BATSLEER, J. y otros (1985): «Culture and Politics», en BATSLEER, J. y otros (ed.): *Rewriting English: The Cultural Politics of Gender and Class.* Londres. Methuen, p. 7.
42. *Ibídem.*
43. ROSS, A. (1998): *Real Love: In Pursuit of Cultural Justice.* Nueva York. NYU Press, p. 3.
44. *Ibídem.*

la política. Además, el economicismo de Gitlin se acerca peligrosamente a la defensa de una política antiintelectual y antiteórica que se revela en gran medida como una incitación a la sindicalización y al panfleto.

Este discurso resulta perturbador porque separa la cultura de la política y deja poco espacio para la comprensión de las contradicciones de las instituciones dominantes, las cuales abren posibilidades políticas y sociales para poner en entredicho la dominación, desarrollar actividades críticas en las escuelas y otras esferas públicas o fomentar la capacidad de los estudiantes y de las demás personas para cuestionar las formas opresivas de autoridad y las maniobras del poder.

Hacer política cultural

Por desgracia, la arremetida actual contra la política cultural por parte de los conservadores y de la izquierda ortodoxa tiende a ignorar el papel fundamental y crítico que desempeña la cultura, particularmente la cultura popular, en la pedagogía y en el aprendizaje, en especial para los jóvenes. En esta postura no hay conciencia de la enorme influencia que ejercen las películas de Hollywood, la televisión, los cómics, las revistas, los videojuegos y la cultura de Internet para enseñar a los jóvenes a conocerse a sí mismos y a entender su relación con la sociedad. Además, ninguno de estos grupos tiene en consideración el papel que los académicos y el profesorado de las escuelas públicas pueden desempeñar como intelectuales del ámbito público conscientes de lo importante que es la cultura en la construcción de la memoria pública, la conciencia moral y el sujeto político; del mismo modo, ninguno de los grupos tiene en cuenta la significación de la educación pública y de la educación universitaria como importantes espacios culturales que funcionan como una esfera pública esencial para mantener una democracia vibrante.

En sus mejores momentos, el debate sobre la política de la cultura ha vigorizado el diálogo sobre el papel que la educación pública y universitaria puede desempeñar en la creación de una cultura pública pluralizada, esencial para fomentar los preceptos básicos de una vida pública democrática, es decir, para enseñar a los estudiantes a ser ciudadanos críticos y activos. Al mismo tiempo, las versiones derechista e izquierdista ortodoxa del debate no han considerado otros aspectos fundamentales de la importancia que reviste la cultura como fuerza educadora que va mucho más allá de la enseñanza institucionalizada. Con el auge de las nuevas tecnologías mediáticas y la influencia global de las industrias culturales altamente concentradas, el alcance y el impacto actuales de la fuerza educativa de la cultura en la construcción y la remodelación de todos los aspectos de la vida cotidiana no tiene precedentes. No obstante, en general, los debates actuales han hecho caso omiso de la poderosa influencia pedagógica de la cultura popular, así como de las implicaciones que tiene en la elaboración de los planes de estudios, en el cuestionamiento de las nociones de conocimiento de alto estatus y en la redefinición de la relación entre la cultura de la enseñanza y las culturas de la vida cotidiana. En consecuencia, se continúa sin analizar la significación política, ética y social que posee el papel de la cultura popular como principal medio pedagógico para los jóvenes. Por ejemplo, ni los conservadores ni los progresistas suelen reconocer la importancia de utilizar películas de Hollywood como *La lista de Schindler* para examinar acontecimientos históricos importantes o de incorporar dibujos animados de Disney en los planes de estudios para analizar cómo están construidos los roles de género en estas obras y qué les sugieren a los jóvenes sobre las posturas subjetivas que deben adoptar o cuestionar o a las que deben resistirse en una sociedad patriarcal. Ni los conservadores ni los liberales que reniegan de la política y la pedagogía culturales parecen comprender tampoco la importancia que tiene ampliar la educación en las escuelas más allá de la cultura del libro, para enseñar al alumnado cómo utilizar las nuevas tecnologías electrónicas que caracterizan la era digital.

Para muchos jóvenes, el aprendizaje informal está ligado directamente a utilizar CD-ROM y ordenadores y a ver vídeos, películas y televisión. Los estudiantes tienen que aprender a leer estos nuevos textos culturales de forma crítica, pero deben aprender también a crear sus propios textos culturales mediante el dominio de las habilidades técnicas necesarias para elaborar guiones de televisión, manejar videocámaras, crear programas informáticos y producir documentales para la televisión. Con esto no quiero decir que los jóvenes no sepan utilizar estas tecnologías. Por el contrario, muchos jóvenes, como señala Jon Katz:

[...] están en el centro de la revolución informacional, punto de partida del mundo digital [porque] ayudaron a construirla [y] la entienden igual de bien o mejor que cualquier otra persona[45].

El problema reside en que las escuelas, principalmente desde los niveles elementales hasta el segundo ciclo, son demasiado grandes y están demasiado desvinculadas de las nuevas tecnologías y de las nuevas formas de alfabetización que han producido. No obstante, algunas escuelas de segundo ciclo han empezado a darse cuenta de la importancia de las nuevas tecnologías, mientras que la educación universitaria se está moviendo más deprisa para ponerse al día con la revolución digital. Un número creciente de escuelas alternativas y universidades han desarrollado con gran éxito programas de alfabetización mediática y en medios de comunicación de masas, que, a diferencia de los programas de tecnología informática, no reducen la formación digital únicamente al aprendizaje de nuevas habilidades. Estos programas combinan actividades centradas en la lectura y la escritura con clases destinadas al aprendizaje de nociones básicas sobre producción de vídeos y elaboración de programas de televisión. Estos programas permiten a los niños explicar sus propias historias, aprender a escribir guiones y participar en programas de acción comunitaria[46]. También ponen en entredicho la presuposición de que los textos de cultura popular no pueden ser tan importantes como los medios tradicionales de aprendizaje para educar sobre problemas sociales como la pobreza, los conflictos raciales y la discriminación por razones de género. En estos planteamientos el aprendizaje práctico, las

---

45. KATZ, J. (1997): *Virtuous Reality.* Nueva York. Random House, p. 11.
46. Véase la excelente historia sobre instrucción y enseñanza mediante vídeo en PALL, E. (1999): «Video Verite». *The New York Times.* Education Life Section 4A (3 de enero de 1999), pp. 34-36.

técnicas de comprensión básicas y los estudios más avanzados realizados en las aulas se combinan con las técnicas y los conocimientos necesarios tanto para producir como para examinar críticamente las nuevas tecnologías mediáticas. Aquí no se trata tanto de enfrentar la cultura popular a los medios utilizados tradicionalmente en los planes de estudio, como de emplear ambos de forma mutuamente informativa.

Dado que la cultura, especialmente la cultura popular, se está convirtiendo en la fuerza educativa más poderosa en la construcción de las percepciones de los jóvenes sobre sí mismos y sus relaciones con los demás, los educadores tienen que hacerse nuevas preguntas:

- ¿Cómo pueden los profesores replantear la educación, en vista de las nuevas formas de pedagogía cultural que han surgido fuera de la enseñanza tradicional?
- A la luz de estos cambios, ¿cómo responden los educadores a las cuestiones de valores acerca de los propósitos que deben servir las escuelas, qué tipos de conocimiento es el más valioso y qué significa reivindicar la autoridad en un mundo en donde las fronteras cambian constantemente?
- ¿Cómo puede entenderse la pedagogía como una práctica política y moral en lugar de como una estrategia técnica?
- ¿Y qué relación debe establecerse entre la educación pública y universitaria y los jóvenes para que éstos desarrollen un sentido de sujeto especialmente en lo que respecta a las obligaciones de ciudadanía y de vida pública desde una perspectiva crítica en un paisaje cultural y global radicalmente transformado?

A medida que la ciudadanía se privatiza y que la educación pública y universitaria se profesionaliza, los jóvenes son educados cada vez más para convertirse en consumidores en lugar de sujetos sociales críticos. En estas circunstancias, resulta totalmente imperativo que los pedagogos reflexionen sobre la fuerza educativa que tiene la cultura tanto para asegurar como para excluir las identidades y los valores particulares, y cómo se puede utilizar este reconocimiento para volver a definir lo que significa vincular el conocimiento con el poder, expandir el significado y el papel de los intelectuales públicos y tomarse en serio la premisa de que la pedagogía siempre es contextual y debe entenderse como el resultado de luchas particulares relacionadas con la identidad, la ciudadanía, la política y el poder. Al contrario de lo que predican Harold Bloom, Richard Rorty y Todd Gitlin, los pedagogos tienen que potenciar su papel de intelectuales públicos y reafirmar la importancia de esta labor crítica para ampliar las posibilidades de una vida pública democrática, especialmente en la medida en que aborda la educación de los jóvenes en el marco de las relaciones entre política y cultura, más que fuera de éstas. ¿Qué es lo que sugiere todo esto más exactamente)?

Asumiendo su papel de intelectuales públicos, los pedagogos pueden empezar *estableciendo las condiciones pedagógicas imprescindibles para que el alumnado sea capaz de desarrollar un sentido de perspectiva y esperanza*, que le permita darse cuenta de que las cosas no siempre han sido como ahora ni tienen que continuar siendo así necesariamente en el futuro. Más específicamente, significa que los educadores deben desarrollar prácticas educativas que proporcionen información a través de un lenguaje de la crítica y de la posibilidad. En este discurso, la esperanza se convierte en una anticipación en lugar de una compensación y emplea el lenguaje de la imaginación crítica para permitir a los educadores y a los estudiantes considerar la estructura, el movimiento y las oportunidades del orden actual de las cosas y enseñarles cómo pueden actuar para resistir a las formas de opresión y de dominación al mismo tiempo que desarrollan aquellos aspectos de la vida pública que vaticinan sus mejores posibilidades, todavía por alcanzar. En el momento histórico actual, esta esperanza rechaza el fatalismo que proclama que la única dirección en que se puede mover la educación consiste en adoptar los objetivos preponderantes de la cultura empresarial, en preparar a los estudiantes de todos los niveles de enseñanza únicamente para ocupar su lugar en el nuevo orden empresarial. En este contexto, la esperanza no sólo se refiere a las posibilidades perdidas, o a una fórmula negativa para resistir, sino que es un ideal ético enraizado en las vidas diarias de los educadores, las personas adultas, los estudiantes y otros individuos que rechazan la dinámica del autoritarismo empresarial junto con otras formas de dominación siguiendo «la chispa que va más allá del vacío circundante»[47].

Este es un lenguaje de esperanza educada y de posibilidades democráticas, que afirma que las escuelas desempeñan un papel vital en el desarrollo de la conciencia política y moral de sus ciudadanos. También se fundamenta en una noción de *lucha* y *liderazgo educativos* que no empieza por la cuestión de aumentar el nivel de enseñanza o de educar a los estudiantes para que sean expertos, sino por una visión moral y política de lo que significa educar para llevar una vida humana y abordar los problemas de bienestar social de los menos afortunados. La esperanza educada apunta más allá de los datos conocidos, rescatando los sueños que exigen que los pedagogos desarrollen proyectos éticos fuera de la especificidad de los contextos y de las formaciones sociales en donde emprenden esfuerzos para combatir diversas formas de opresión[48].

Los pedagogos que asumen el papel de intelectuales públicos pueden *enseñar* también a los estudiantes lo que se podría denominar *lenguaje de la crítica* y la *responsabilidad social*. Se trata de un lenguaje que se niega a considerar los conocimientos como algo que hay que consumir pasivamente, algo que se aprende sólo para superar un examen o que está legitimado fuera de un discurso normativo comprometido. Para este lenguaje es fundamental el objetivo de crear las condiciones pe-

---

47. RABINACH, A. (1977): «Unclaimed Heritage: Ernst Bloch's Heritage of Our Times and the Theory of Fascism». *New German Critique* (primavera de 1977), p. 8. Para un ejemplo clásico de crítica del impulso utópico que sugiere que tengamos esperanza contra las expectativas, véase GURZE'EV, I. (1998): «Toward a Nonrepressive Critical Pedagogy». *Educational Theory*, n. 48 (otoño de 1998), pp. 463-486. Gurze'ev es tan irreflexivo y autocrítico que no se le ocurre nunca cuestionarse seriamente las deficiencias de sus propios argumentos básicos o su complicidad con una forma de política en la que cualquier posibilidad de que el futuro pueda superar al presente se considera inútil. En esta diatriba contra la esperanza, tan común en la actualidad entre los educadores, cualquier noción de que la pedagogía, la historia, la política cultural o la lucha social contienen las posibilidades de libertad se tergiversa y se ridiculiza sumariamente. Diatriba polémica.
48. Este tema se trata en FREIRE, P. (1998): *Pedagogy of Freedom*. Lanham. Rowman and Littlefield.

dagógicas que permiten a los estudiantes desarrollar la disciplina, la capacidad y la oportunidad para pensar en términos de oposición, para analizar de forma crítica las ideas preconcebidas y los intereses que autorizan las propias preguntas planteadas en el marco del lenguaje autoritario de la escuela o de la clase. Este tipo de crítica trasciende los límites de disciplinas concretas y requiere que los educadores, los estudiantes y los trabajadores culturales asuman el papel de críticos públicos que pueden funcionar como historiadores, archiveros, expertos, críticos sociales, factótums y activistas. Maurice Berger señala que estas formas de crítica crean nuevas formas de expresión y de práctica. Escribe:

> *En la actualidad, la crítica más fuerte –a que ofrece la mayor esperanza para la vitalidad y el futuro de la disciplina– es capaz de abordar, guiar, dirigir e influenciar la cultura, incluso de estimular nuevas formas de práctica y de expresión. La crítica más fuerte sirve como fuerza crítica dinámica, más que como acto de infusión de energía. La crítica más fuerte utiliza el lenguaje y la retórica no sólo con fines evaluativos y descriptivos, sino como medio de inspiración, provocación, conexión emocional y experimentación*[49].

La noción de *crítica* de Berger reivindica una noción de *alfabetización* que revela el ocaso del vocabulario de *alfabetización* asociado a los discursos de la cultura empresarial y de la pedagogía tradicional. Rechazando tanto el pragmatismo del mercado como la alfabetización fundamentada exclusivamente dentro de los límites de la cultura moderna impresa, «las formas más fuertes de crítica» emergen de una noción *pluralizada de la alfabetización* que valora tanto la cultura impresa como la visual. Además, la alfabetización como discurso crítico también proporciona una valoración más compleja del poder, la formación de la identidad y la materialidad del poder y, al mismo tiempo, destaca que, aunque la alfabetización en sí no garantiza nada, es una condición previa esencial para el sujeto, la autorrepresentación y una noción fundamental de vida pública democrática. Todo esto supone un discurso de la crítica y la alfabetización que altera el sentido común y aborda una amplia gama de textos culturales y formas públicas. Es un lenguaje que aprende cómo tratar las injusticias sociales para derrocar la tiranía del presente.

Otro posible requisito para los profesores que asumen la postura de intelectuales públicos es la *necesidad de desarrollar nuevas formas de abordar la historia* para desarrollar una perspectiva crítica sobre la relación entre los hechos históricos y la manera como se reproducen y recuerdan a través de las narraciones que hablan de ellos. De ello se desprende que los educadores deben reafirmar la importancia pedagógica de educar a los estudiantes para que sepan interpretar el lenguaje de la memoria pública. La memoria pública rechaza la noción de conocimiento como mera herencia que cuenta con la transmisión como única forma de práctica. En su forma crítica, la memoria pública sugiere que se lea la historia no como un mero acto de recuperación, sino como un dilema de incertidumbre, una forma de abordarla y re-

---

49. BERGER, M. (1998): «Introduction: The Crisis of Criticism» en BERGER, M. (ed.): *The Crisis of Criticism*. Nueva York. The New Press, p. 11.

cordarla que vincule los hechos del pasado con las circunstancias de su explicación y que determine cómo esta explicación o reformulación está conectada con «las relaciones de poder actuales» y la experiencia de los que han participado en la reescritura de los hechos históricos[50]. La memoria pública concibe el conocimiento como una interpretación que es siempre objeto de conflicto. Más que preocuparse de lo prosaico, la memoria pública se interesa por lo distintivo y extraordinario; no se interesa por las sociedades tranquilas, que reducen el aprendizaje a la reverencia, al procedimiento y al susurro, sino por las formas de vida pública ruidosas, que participan en el diálogo y en discursos vociferantes.

Además, los educadores, como intelectuales públicos, tienen que *expandir y aplicar los principios de diversidad, diálogo, compasión y tolerancia en sus aulas para fortalecer*, en lugar de debilitar, la relación entre aprendizaje y capacitación, por una parte, y entre democracia y enseñanza, por otra. La intolerancia, y no la diferencia, es enemiga de la democracia y es difícil, si no imposible, para los estudiantes creer en la democracia sin reconocer la diversidad cultural y política como condición primordial para aprender múltiples alfabetizaciones, experimentar la vitalidad de diferentes culturas públicas y rechazar la comodidad de las culturas monolíticas definidas por las exclusiones racistas. En este caso las diferencias son importantes no como simples marcadores rígidos de identidad, sino como diferencias marcadas por relaciones desiguales de poder, puntos de divergencia e historias, experiencias y posibilidades cambiantes. La diferencia cuestiona la dinámica central del poder, abriendo al mismo tiempo un espacio de traducción y las condiciones para intentar renegociar y poner en entredicho las ideologías y los mecanismos de poder que sitúan a algunos sujetos en una posición privilegiada, al mismo tiempo que niegan la capacidad de sujeto social a otros[51].

En un mundo caracterizado por el incremento de la pobreza, el desempleo y la disminución de las oportunidades sociales, los educadores tienen que reivindicar la conexión imprescindible entre cultura y poder defendiendo la educación pública y universitaria como espacio de aprendizaje y lucha democrática. Para esta tarea es esencial proporcionar a los estudiantes los conocimientos, las técnicas y los valores que necesitarán para enfrentarse a algunas de las cuestiones más urgentes de nuestro tiempo. Educar para conseguir una ciudadanía crítica y un coraje cívico significa, en parte, redefinir el papel de los académicos como intelectuales públicos comprometidos y sin fronteras que pueden unirse para explorar la función crucial que desempeña la cultura en la revisión y el fortalecimiento del entramado de la vida pública. La cultura es un terreno estratégico a nivel pedagógico y político cuya fuerza como «ámbito y arma de poder crucial en el mundo moderno»[52] se puede extender a dis-

---

50. He hecho propia esta idea a partir de YOUNG, J. (1998): «The Holocaust as Vicarious Past: Art Spiegelman's Maus and the Afterimages of History». *Critical Inquiry*, n. 24 (primavera de 1998), pp. 668-669.
51. He tomado estas ideas de Homi Bhabha en OLSON, G; WORSHAM, L. (1998): «Staging the Politics of Difference: Homi Bhabha's Critical Literacy». *Journal of Composition Theory*, n. 18, pp. 361-391.
52. GROSSBERG, L. (1996): «Toward a Genealogy of the State of Cultural Studies», en NELSON, G.; GAONKAR, D.P. (eds): *Disciplinarity and Dissent in Cultural Studies*. Nueva York. Routledge.

cursos y prácticas públicas más amplias sobre el significado de la democracia, la ciudadanía y la justicia social. Una de las funciones más importantes de una cultura democrática vibrante es proporcionar los recursos institucionales y simbólicos que tanto jóvenes como adultos necesitan para desarrollar su capacidad para pensar de forma crítica, participar en las relaciones de poder y en las decisiones políticas que afectan a sus vidas y transformar las desigualdades raciales, sociales y económicas que impiden el desarrollo de relaciones sociales democráticas.

2

La enseñanza y la política de la cultura de empresa

> *La Supremacía Empresarial se revela como el orden universal de la era postcomunista [...] En la actualidad nuestro paisaje social está dominado por empresas que son mayores y más poderosas que en la mayoría de los países [...] Este final de siglo y el siglo próximo se nos avecinan como la era triunfal de las corporaciones.* (Charles Derber[1])

¿Nos encontramos ante la conquista definitiva del capitalismo?

Un reciente anuncio de página entera en la revista *Forbes 500* proclama en impactantes letras rojas: «capitalistas del mundo, uníos»[2]. Debajo del eslogan y llenando la mitad inferior de la página, aparece un conjunto de personas, que representan diferentes nacionalidades, alzando los brazos en señal de victoria. En lugar de los trabajadores, en el sentido tradicional, los profesionales Forbes (con sólo tres mujeres entre ellos) pertenecen claramente a la clase media, visten americanas y corbatas, llevan maletín y teléfono móvil. Ostentan por encima de sus cabezas un mar de banderas rojas blasonadas con las respectivas monedas nacionales. En la parte inferior de la imagen hay un texto en el que se lee «proclamemos todos la victoria definitiva del capitalismo». A primera vista, el anuncio parece ser simplemente una burla de uno de los ideales más poderosos del marxismo. Sin embargo, al igual que parodia conscientemente el sueño de la revolución de los trabajadores, también refleja otra

---

[1]. DERBER, Ch. (1998): *Corporation Nation: How Corporations are Taking Over our Lives and What We can Do About It*. Nueva York. St. Martin's Press, p. 3.
[2]. El anuncio aparece en *Word Traveller* (marzo de 1998), p. 76.

ideología que se hizo famosa en 1989 de la mano de Francis Fukuyama, quien promulgaba «el final de la historia»[3] una referencia al fin del comunismo autoritario de Europa del Este, de la antigua Unión Soviética y los Países Bálticos. Según Fukuyama, «el fin de la historia» significaba que la democracia liberal había alcanzado una última victoria y las ideologías hermanas del mercado y la democracia representativa constituían ahora, salvo un par de excepciones, los valores universales de la nueva aldea global.

El anuncio de Forbes implica mucho más que la presunta muerte del comunismo, también neutraliza la tensión entre los valores del mercado y los valores representativos de la sociedad civil, que no pueden ser medidos en términos estrictamente comerciales, pero que resultan críticos para la democracia. Me refiero específicamente a valores como la justicia, la libertad, la igualdad, la salud y el respeto por los niños, los derechos de los ciudadanos como seres humanos libres e iguales, así como el «respeto por el estado de derecho, por los derechos individuales, por el pluralismo de valores, por las garantías constitucionales [...] y la política democrática»[4].

¿Quiénes son estos hombres (y tres mujeres) que aparecen vitoreando en el anuncio? Obviamente no son los cuarenta y tres millones de estadounidenses que han perdido su trabajo a lo largo de los últimos quince años; no son el pueblo. El anuncio de Forbes celebra la libertad, pero sólo la que se enmarca dentro del discurso del poder desenfrenado del mercado. No se reconocen aquí (como no podría ser de otro modo) ni los límites que deben establecer las democracias sobre este poder, ni cómo la cultura empresarial y su limitada redefinición de libertad como un bien privado puede realmente representar una amenaza para la democracia, igual e incluso mayor que la que se imaginaba que podría suponer el comunismo o cualquier otra ideología totalitaria. Por supuesto Fukuyama demostró tener razón en lo que a la caída del comunismo se refiere, pero no acertó en absoluto con su idea de «la universalización de la democracia occidental como forma final de gobierno»[5]. Antes de que la tinta de su proclama triunfal acabara de secarse, estalló el genocidio étnico en Bosnia-Herzegovina, el fundamentalismo islámico se extendió por Argelia, los rusos desencadenaron un baño de sangre en Chechenia, los serbios emprendieron ataques genocidas sobre la minoría étnica de albaneses de Kosovo y, en diversas partes de África, estalló una sangrienta guerra civil marcada por el horror del genocidio tribal. Incluso en Estados Unidos, una vez dada por terminada la Guerra Fría, el lenguaje de la democracia parecía haber perdido su vitalidad y propósito como pilar organizativo de la sociedad. A medida que las corporaciones van ganando más y más poder en Estados Unidos, la cultura democrática se convierte en cultura empresarial, la herencia ideológica legítima de la victoria sobre el socialismo[6].

---

3. FUKUYAMA, F. (1989): *The End of History and the Last Man*. Nueva York. St. Martin's Press.
4. BENHABIB, S. (1996): *The Democratic Moment and the Problem of Difference*, en BENHABIB, S. (eds.): *Democracy and Difference*. Princeton. Princeton University Press, p. 9.
5. FUKUYAMA, F. (1989): «The End of History», en *The National Interest* (verano de 1989), p. 2.
6. Stuart Ewen ha analizado históricamente esta tendencia desde la irrupción en el siglo XIX de la cultura de la abundancia que permitió «el florecimiento de una concepción de democracia provocativa, en cierto modo pasiva [...] la democracia del consumidor». Véase EWEN, S. (1988): *All Consuming Images*. Nueva York. Basic Books, p. 12.

Utilizo el término *cultura empresarial* para referirme a un conjunto de fuerzas ideológicas e institucionales que, de una manera política y pedagógica, promueve tanto la dirección de la vida organizativa gubernamental a través del control por parte de los directivos, como el surgimiento de trabajadores dóciles, consumidores apolíticos y ciudadanos pasivos[7]. Entre el lenguaje y las imágenes de la cultura de empresa la ciudadanía se representa como un asunto completamente privatizado cuyo objetivo es producir individuos interesados únicamente en ellos mismos y que sólo se preocupan por lograr su propio beneficio material e ideológico. Al convertir los asuntos sociales en materias estrictamente individuales o económicas, la cultura de empresa consigue ampliamente anular los impulsos democráticos y las prácticas de la sociedad civil al menospreciarlas o al absorber sus impulsos mediante la lógica de mercado. Ya no hay lugar para la lucha política; dentro del modelo empresarial la cultura se convierte en una perspectiva globalizadora para la creación de identidades, valores y prácticas de mercado. Según este discurso, la verdadera vida «se construye según nuestra identidad como consumidores: somos lo que compramos»[8]. Los ámbitos públicos son reemplazados por ámbitos comerciales a medida que la democracia crítica se vacía de toda su sustancia y se ve reemplazada por la democracia de las posesiones, los estilos de vida consumistas, los centros comerciales y la continua expansión del poder político y cultural de las corporaciones a lo largo y ancho del mundo.

El conocimiento, los valores sociales y las aptitudes necesarias para crear una participación democrática de peso parecen estar cada vez más en desacuerdo y en perjuicio de los magnates empresariales como Bill Gates, Warren Buffett y Paul Allen, los nuevos héroes culturales de la movilidad social, la riqueza y el éxito. Reconocidos acríticamente como modelos de liderazgo y celebridades, los multimillonarios como Bill Gates personifican la vacuidad de la cultura empresarial en la que el discurso de la avaricia y la irresponsabilidad moral eliminan tanto la posibilidad de hablar de la vida pública fuera del marco de la lógica del mercado, como de un discurso capaz de defender las imprescindibles instituciones sociales por ser estas un bien común. A media que los lugares e instituciones sociales no mercantilizados cierran, en los medios de comunicación se envidia a Gates por haber acumulado una fortuna por un valor de 90 mil millones de dólares[9] –«más que el 40% de la población de Estados

---

7. Los principales textos clásicos sobre la cultura de empresa son DEAL, T.; KENNEDY, A. (1982): *Corporate Culture: The Rites and Rituals of Corporate Life*. Massachusetts. Addison-Wesley; y PETERSON, Th.; WATERMAN, R. (1982): *In Search of Excellence*. Nueva York. Harper and Row. Yo también quiero señalar que la cultura de empresa es una fuerza dinámica y siempre cambiante. No obstante, a pesar de sus innovaciones y cambios, raramente desafía la posición central del provecho como beneficio, si es que lo hace alguna vez, y raramente no consigue imponer las consideraciones comerciales sobre toda una serie de valores que podrían poner en cuestión el sistema de clases del capitalismo. Una disertación interesante sobre la naturaleza cambiante de la cultura de empresa bajo la perspectiva de la revolución cultural de la década de los años sesenta se encuentra en FRANK, Th. (1997): *The Conquest of Cool*. Chicago. University of Chicago Press.
8. BRYMAN, A. (1995): *Disney and his Worlds*. Nueva York. Routledge, p. 154.
9. Véase, por ejemplo, JAMES, S. (1999): «Rich Man Gates Just Keeps Getting Richer». *The Boston Globe* (lunes 21 de junio de 1999), p. A14.

Unidos con menor nivel de renta o, lo que es lo mismo, 100 millones de estadounidenses»[10]– mientras que prácticamente no se habla de una sociedad que permite que una sola persona acumule tanta riqueza y que más de 40 millones de estadounidenses, entre ellos 20 millones de niños, vivan por debajo del umbral de pobreza[11]. En el mundo de las diferentes políticas nacionales, los institutos conservadores para el análisis de políticas, junto a un congreso republicano, afirman incesantemente que pensar en la educación, el trabajo y el bienestar implica la sustitución del lenguaje de la propiedad privada por el de los valores del bien común (es decir, los argumentos principales utilizados por los conservadores para acabar con una legislación cuyo objetivo es refrenar el poder de la industria tabaquera y los fabricantes de armas). En el área económica, la supremacía de la cultura empresarial se ha vuelto ya evidente en el poder creciente de los megaconglomerados de empresas, tales como Disney, General Electric, Time-Warner y Westinghouse, por controlar tanto el contenido como la distribución de gran parte de lo que el público estadounidense ve[12].

De una manera que se refleja únicamente en el balance final de la rentabilidad, la cultura de empresa y su influencia creciente en la vida estadounidense han marcado un cambio radical tanto en la concepción de la cultura pública, como en aquello que constituye el significado de la ciudadanía y la defensa del bien común. Por ejemplo, el rápido resurgimiento del poder empresarial en los últimos veinte años y la subsiguiente reorientación de la cultura hacia las exigencias del comercio y la reglamentación han reemplazado los discursos de la responsabilidad social y del servicio público por el lenguaje de la responsabilidad personal y la iniciativa privada. Este hecho se puede observar en las políticas gubernamentales diseñadas para desmantelar las medidas estatales de protección de los pobres, el medio ambiente, la clase trabajadora y la gente de color[13].

Por poner un ejemplo, la ley de asistencia social firmada por el presidente Clinton en 1996 reduce la ayuda en forma de cupones de comida para millones de niños de familias de clase obrera, y un estudio presentado por el Urban Institute demostraba que el proyecto de ley «llevaría a 2,6 millones de personas, entre ellos 1,1 mi-

---

10. DERBER, Charles (1997): *Corporation Nation*. Nueva York. St. Martin's Press, p. 12.
11. El alcance cada vez mayor de tal desigualdad y la acumulación de grandes fortunas por parte de un reducido número de personas se trata en un reportaje de la CNN que afirma que tres personas solas poseen más que 600 millones de habitantes del mundo juntos (reportaje emitido en el espacio Headline News de la cadena CNN el 17 de julio de 1999).
12. Existen numerosos libros que tratan sobre este asunto, pero los mejores a la hora de proporcionar pruebas estadísticas del creciente monopolio empresarial en la sociedad estadounidense son DERBER, Ch. (1997): *Corporation Nation*. Nueva York. St. Martin's Press.; HAZEN, D.; WINOKUR, J. (eds.) (1997): *We the Media*. Nueva York. The New Press.; MCCHESNEY, R.W. (1997): *Corporate Media and the Threat to Democracy*. Nueva York. Seven Stories Press.; BARNEOUW, E. y otros (1997): *Conglomerates and the Media*. Nueva York. The New Press.; WOLMAN, W.; COLAMOSCA, A. (1997): *The Judas Economy*. Massachusetts. Addison-Wesley Publishing Company, Inc.; MCCHESNEY, R. (1999): *Rich Media, Poor Democracy*. Urbana. University of Illinois Press.
13. KELLEY, R.D.G. (1997): *Yo' Mama's Disfunktional: Fighting the Culture Wars in Urban America*. Boston. Beacon Press.

llón de niños, a vivir en la pobreza»[14]. Otros ejemplos son el desmantelamiento de los programas para las minorías, como la California Civil Rights Initiative y el famoso caso de discriminación positiva Hopwood contra Texas, ambos diseñados para eliminar la discriminación positiva en la enseñanza superior; la reducción de las cantidades dedicadas al desarrollo urbano, tales como el programa de vivienda del Department of Housing and Urban Development, el debilitamiento de la legislación federal para la protección del medio ambiente y un aumento masivo de los fondos estatales para construir prisiones en detrimento de los fondos para la enseñanza superior[15].

Como resultado de la toma del poder de la vida pública por parte de las corporaciones privadas, el mantenimiento de las esferas democráticas públicas desde las cuales organizar los esfuerzos para una visión moral pierde toda significación. A medida que el poder de la sociedad civil va perdiendo su capacidad para imponerse o para exigir responsabilidades al poder empresarial, se va diluyendo el significado de la política como lucha democrática y, dentro de la lógica de la autofinanciación y del balance final, se hace cada vez más difícil el tratamiento de las cuestiones morales y sociales urgentes en términos sistémicos y políticos. Todo esto hace temer un peligroso giro en la sociedad estadounidense que amenaza nuestro concepto de la *democracia* como algo fundamental para la libertad y también la manera en que contemplamos el significado y propósito de la educación.

Los límites de la cultura empresarial

La política es el registro resultante de la acción moral, el marco de la sociedad civilizada que evita que la justicia y la compasión mueran en cada uno de nosotros, así como una llamada para reconocer la exigencia de la humanidad por erradicar el sufrimiento innecesario y a la vez reafirmar la libertad, la igualdad y la esperanza.

El mercado no premia el comportamiento moral y, a medida que la cultura de empresa empieza a dominar la vida pública, a los ciudadanos se les hace cada vez más difícil pensar de una manera crítica y actuar de acuerdo a la moral. ¿Cuentan por ejemplo los ciudadanos, dentro de la lógica de la privatización y del excesivo individualismo, con alguna oportunidad para protestar frente a la intención del congreso de Estados Unidos de favorecer los intereses empresariales frente a las apremiantes demandas sociales? Y no me estoy refiriendo simplemente al poder de los individuos y las asociaciones para reducir las subvenciones o ayudas gubernamentales en beneficio de los intereses de las empresas, sino a restringir esas formas de insensatez institucional que tienen consecuencias nefastas para la mayoría de los ciudadanos más vulnerables: los jóvenes, la gente mayor y los pobres. Por ejemplo,

---

14. EDELMAN, P. (1997): «The Worst Thing Bill Clinton Has Done». *The Atlantic Monthly* (marzo de 1997) pp. 43-58
15. La visión de un contexto desde el cual juzgar los efectos de tales recortes en los pobres y niños de Estados Unidos se encuentra en el informe del CHILDREN'S DEFENSE FUND (1998): *The State of America's Children-A Report from the Children's Defense Fund*. Massachusetts. Beacon Press.

sin poderes de compensación, normas o valores en la sociedad civil para cuestionar siquiera el poder de empresa, ¿cómo va a poder el ciudadano medio protestar o detener la intención del congreso de financiar los bombarderos invisibles B2 con un coste de dos mil millones cada uno mientras que rechaza la asignación de cien millones de dólares para programas de ayuda infantil? Ello constituye una falta política y social que aún resulta más triste ante el hecho de que el 26% de los niños en Estados Unidos vive por debajo del umbral de pobreza[16]. En una sociedad que se rige cada vez más por la consideración del beneficio y la lógica del mercado ¿cómo va a ser posible crear, alentar y utilizar un lenguaje crítico que dé prioridad a la democracia pública frente a la privada, al bien social sobre las fuerzas de mercado que sólo benefician a un reducido número de inversores, y a la justicia social frente al individualismo y la avaricia desenfrenados?

A medida que el ascenso de la cultura de empresa reafirma la primacía de la privatización y el individualismo, a la gente se le vende cada vez más la idea de que renuncien o limiten su compromiso político a cambio de un concepto de identidad basado en el mercado: uno que sugiere el abandono de nuestro papel como individuos sociales por un papel limitado como individuos consumistas. De manera similar, a medida que la cultura empresarial se adentra cada vez más en las instituciones fundamentales de la sociedad civil y política, simultáneamente disminuyen las áreas públicas no mercantilizadas, es decir, aquellas instituciones comprometidas con el diálogo, la educación y la enseñanza que dirigen la relación de la persona hacia la vida pública, la responsabilidad social hacia otras demandas más amplias de la ciudadanía, y el desarrollo de áreas públicas adicionales que ofrecen incentivos para invertir en una cultura de la política que promueve la participación pública y la ciudadanía democrática. Sin la presencia de estas áreas públicas críticas, el poder empresarial se mueve libremente y la política se vuelve torpe, cínica y opresiva.

La historia nos ha advertido claramente de los peligros de un poder empresarial desenfrenado[17]. Las prácticas brutales de la esclavitud, la explotación infantil, la permisividad ante las condiciones de trabajo más crueles en las minas y fábricas de Estados Unidos y del extranjero, y la destrucción del medio ambiente han sido promovidas por la ley que establece que hay que maximizar los beneficios y minimizar los costes, especialmente cuando la sociedad civil no ha contado con ningún poder de compensación para detener el poder de la empresa. Con todo esto no pretendo sugerir que el capitalismo sea el enemigo natural de la democracia, sino que, en ausencia de una sociedad civil fuerte y de los imperativos de una democracia también fuerte, si se le deja a sus anchas, el poder de la cultura de empresa no parece respetar muchos límites basados en el autocontrol o en otros valores humanos no mercantilizados que son fundamentales para la cultura cívica y democrática. John Dewey tenía razón cuando afirmaba que la democracia requiere trabajo, pero que el trabajo no es sinónimo de democracia[18].

---

16. Citado en SIDEL, R. (1996): *Keeping Women and Children Last*. Nueva York. Penguin, p. XIV.
17. Véase, por ejemplo, BARAN, P.; SWEEZY, P.M. (1966): *Monopoly Capital*. Nueva York. Monthly Review Press.
18. Véase especialmente DEWEY, J. (1944): *Democracy and Education*. Nueva York. The Free Press. [Publicado originalmente en 1916]

La lucha por la democracia representa una tarea tanto política como educativa. Para la consecución de una cultura democrática vibrante es fundamental reconocer que la educación debe considerarse un bien público y no solamente un lugar de inversión comercial o de inculcación de una noción de bien privado basado exclusivamente en la satisfacción de las necesidades individuales. Limitar la enseñanza superior al servicio de la cultura de empresa es contrario al imperativo social que exige la educación de ciudadanos que puedan preservar y desarrollar áreas públicas y democráticas legales. Existe una larga tradición que va desde Thomas Jefferson a C. Wright Mills que ensalza la importancia de la educación como algo esencial para la vida pública democrática. El legado de este discurso público parece haberse desvanecido totalmente ante las afirmaciones que han realizado por todo Estados Unidos asesores pedagógicos como Robert Zemsky, de Stanford, o Chester Finn, del Hudson Institute, instando a las instituciones educativas a que «en nombre de la eficiencia aconsejen a sus clientes actuar al igual que las empresas: vender productos y buscarse un hueco en el mercado para salvarse» y que afronten a los desafíos del nuevo orden mundial[19]. Dentro de este discurso empresarial, los modelos de toma de decisiones alinean la iniciativa y el aprendizaje humano con los intereses empresariales, que consideran irrelevantes las cuestiones de responsabilidad social y pública, mientras que los objetivos de la enseñanza superior se ven cada vez más configurados por el lenguaje de los créditos y los débitos, los análisis de costes y el balance final[20].

En adelante quiero referirme al cambio fundamental de la sociedad teniendo en cuenta nuestra idea de relación entre la cultura empresarial y la democracia[21]. Concretamente, quiero decir que uno de los indicios más importantes de este cambio puede observarse en el modo en el que actualmente se nos pide que repensemos el papel de la enseñanza superior. Bajo este análisis se encuentra la aceptación de que la lucha para reivindicar la enseñanza superior debe considerarse como parte de una batalla más amplia por la defensa del bien público y de que, en el centro de esta batalla, se encuentra la necesidad de desafío al discurso e influencia crecientes de la cultura de empresa, el poder y la política. Voy a poner el punto final aportando algunas sugerencias sobre cómo los educadores pueden reafirmar la primacía de la enseñanza superior como un ámbito esencial para la ampliación y profundización de los procesos de la democracia y de la sociedad civil.

---

19. Citado en ARONOWITZ, S. (1998): «The New Corporate University». *Dollars and Sense* (marzo/abril de 1998), p. 32.
20. Una serie de comentarios críticos y perspicaces sobre la política del trabajo en la enseñanza superior se encuentran en MARTIN, R. (ed.) (1999): *Chalk Lines: The Politics of Work in the Managed University*. Durham. Duke University Press.
21. Los educadores críticos han recopilado una historia crítica de cómo la enseñanza pública y superior ha ido siendo forjada por la política, las ideologías y los iconos de la industria. Entre ellos BOWLES, S.; GINTIS, H. (1976): *Schooling in Capitalist America*. Nueva York. Basic Books.; APPLE, M. (1977): *Ideology and Curriculum*. Nueva York. Routledge.; CARNOY, M.; LEVIN, H. (1985): *Schooling and Work in the Democratic State*. Stanford. Stanford University Press.; ARONOWITZ, S.; GIROUX, H.A. (1993): *Education Still Under Siege*. Westport. Bergin and Garvey.; ARONOWITZ, S.; DIFAZIO, W. (1994): *The Jobless Future*. Minneapolis. University of Minnesota Press; NELSON, C. (ed.) (1997): *Will Teach for Food*. Minneapolis. University of Minnesota Press; LIVINGSTONE, D.W. (1998): *The Education-Jobs Gap*. Boulder. Westview.

Los gestores de empresa en la enseñanza superior

En un número reciente de *The Chronicle of Higher Education*, Katherine S. Mangan informaba de que existe un número cada vez mayor de indagaciones presidenciales de «búsqueda de líderes que puedan ejercer de mediadores entre el mundo de la empresa y el académico»[22]. Según Mangan, esto ha originado que a un gran número de decanos de escuelas de negocios se les hayan ofrecido puestos como directores de facultades. La razón de estas acciones parece estar en lo siguiente:

> Los decanos de escuelas de negocios están normalmente en una buena posición para entablar contactos con las empresas [...] [y resultan] más eficaces a la hora de trasladar el entorno académico al mundo exterior[23].

El artículo de Mangan deja claro que aquello que una vez formaba parte únicamente del currículum oculto de la enseñanza superior (la vocación de trepa y la subordinación del aprendizaje a los dictámenes del mercado) aparece ahora abiertamente y como un principio determinante de la enseñanza a todos los niveles del aprendizaje.

Según Stanley Aronowitz, muchas universidades técnicas y superiores están pasando por momentos económicos muy duros a raíz del final de la Guerra Fría y la consiguiente disminución de los proyectos de defensa financiados por el gobierno, además de una gran reducción de las ayudas estatales a la enseñanza superior. Y como resultado, están encantados de dejar que los líderes de los negocios dirijan sus instituciones, establezcan asociaciones empresariales y relaciones provechosas con legisladores con vistas a la empresa y desarrollen planes de estudios adaptados a las necesidades de los intereses empresariales[24].

En la prensa nacional abundan las historias sobre el aspecto cambiante del liderazgo en la enseñanza superior a medida que cada vez más y más universidades dejan de contratar a universitarios para cubrir puestos administrativos y colocan en su lugar a líderes de empresa capaces de asumir los recortes presupuestarios innovadores. Un ejemplo reciente es el de la contratación de John A. Fry, antiguo asesor de empresa que nunca había trabajado para una universidad, como vicepresidente de la Universidad de Pennsylvania. Según un informe, Fry «representa la nueva Pennsylvania empresarial: táctica, innovadora, no sujeta a la tradición y con un lápiz siempre afilado»[25]. Fry ha iniciado una revisión de todos los servicios de la universidad para determinar cuáles se pueden subcontratar a empresas privadas. Hasta ahora ya le ha ahorrado a la universidad más de cincuenta millones de dólares al eliminar más de 500 puestos de trabajo, muchos de ellos empleados que habían formado parte de la

---

22. MANGAN, K.S. (1998): «Corporate Know-How Presidencies for a Growing Number of Business Deans». *The Chronicle of higher Education* (27 de marzo de 1998), p. A43.
23. *Ibídem*, p. A44.
24. ARONOWITZ, S. (1998): «The New Corporate University». *Dollars and Sense,* (marzo/abril de 1998), pp. 32-35.
25. Citado en VAN DER WERF, M. (1999): «A Vice-President From the Business World Brings a New Bottom Line to Penn». *The Chronicle of Higher Education*, n. XLVI (3 de septiembre de 1999), p. A72.

Universidad de Pennsylvania durante décadas. La respuesta de Fry ante la difícil situación en que deja a estos trabajadores resulta instructiva. Sostiene que con su modelo empresarial, con la amenaza a las formas tradicionales del puesto de trabajo, los empleados resultan más eficientes. Y añade que:

> [...] así dan menos cosas por sentado en lo referente a su situación laboral [...] Creo que le hacemos un triste favor a la institución si permitimos que la ineficacia se perpetúe simplemente por no atajar el problema de raíz o por no privar de su trabajo a esta pobre gente que ha estado trabajando aquí durante cinco décadas. No creo que esto signifique insensibilidad, sino absoluta responsabilidad[26].

Fry enmarca la cuestión de la responsabilidad exclusivamente dentro de la lógica de mercado y, tal como observó un miembro del profesorado de la Universidad de Pennsylvania, Fry se muestra totalmente indiferente ante el papel tradicional de la enseñanza superior como «fuerza humanitaria de la sociedad en que el valor de las personas constituye siempre una prioridad»[27]. El efecto de este nuevo liderazgo en la Universidad de Pennsylvania resulta descorazonador. Elsa R. Ramsden, presidenta de la sección de Pennsylvania de la American Association of University Professors, explica que muchos profesores se encuentran desalentados ante el nuevo liderazgo, y se han apartado del proceso político dedicándose exclusivamente a sus clases, porque temen perder sus puestos de trabajo, su titularidad, o ver sus salarios congelados. La devoción unívoca de Fry por una eficiencia empresarial parece fundar tales temores. Fry afirma lo siguiente:

> Acostumbro a ser muy impaciente. A veces esto nos va bien, otras no. Tengo una mentalidad de «pisar a fondo el acelerador». No siempre puedo escuchar razones[28].

Este vocabulario demuestra el agotamiento del pensamiento crítico como característica de la cultura de empresa, en especial si se aplica a los ámbitos públicos que sirven a una concepción más amplia del servicio público y la ciudadanía. La idea de que la enseñanza superior debe defenderse por ser un lugar de actividad académica crítica, responsabilidad social y enseñanza progresista para ampliar así el alcance de la libertad y la democracia resulta irrelevante, cuando no peligrosa, para este discurso.

La profesionalización de la universidad tiene varias consecuencias. En algunos casos, ello ha significado que universidades como el Massachusetts Institute of Technology y la University of California en Irvine hayan hecho tratos con empresas en los que se ofrecían a realizar investigaciones de productos cediendo las patentes de sus inventos y descubrimientos a sus patrocinadores empresariales a cambio de una abundante suma de dinero para la investigación.

---

26. Citado en VAN DER WERF, M. (1999): «A Vice-President From the Business World Brings a New Bottom Line to Penn». *The Chronicle of Higher Education*, n. XLVI (3 de septiembre de 1999), p. A73.
27. Ibídem.
28. Ibídem.

Otra prueba de la profesionalización de la enseñanza superior puede verse en la voluntad cada vez mayor de los legisladores, representantes gubernamentales y funcionarios universitarios de confiar en los dirigentes de empresa a la hora de establecer los términos del debate en los medios de comunicación sobre el significado y objeto de la enseñanza superior. Otro ejemplo típico lo constituyen las declaraciones de Louis Gerstner Jr., presidente y director general de IBM, que no pasan inadvertidas a la prensa. En un artículo de opinión de *USA Today*, Gerstner afirma que las universidades deberían tratarse como si fueran un negocio, porque:

[cuando] las empresas estadounidenses se tuvieron que enfrentar a la disyuntiva del «cambio o cierre», cambiaron. Empezaron a invertir en una transformación a fondo, en nuevos métodos de producción, en nuevas maneras de formación del personal. Y, lo que es más importante, continuamente contrastaban su rendimiento frente a otros y frente a la competencia internacional [...] Y funcionó[29].

Para Gerstner, al igual que para muchos otros directivos, el éxito actual de la economía capitalista es el resultado directo del liderazgo ejercido por los Estados Unidos empresariales. La lección que se deduce es simple:

Las universidades, curiosamente, se encuentran aisladas de las fuerzas del mercado y la disciplina que conduce a la adaptación constante, la renovación y a un incesante esfuerzo por la calidad[30].

El razonamiento de Gerstner resulta instructivo porque es muy típico, fundamentalmente con relación a las cuestiones de eficiencia, responsabilidad y reestructuración. Las organizaciones de empresa tales como el Committee for Economic Development, una organización de ejecutivos de unas doscientas cincuenta corporaciones, han sido más francas en su interés por la educación. El grupo no sólo ha afirmado que las metas y servicios sociales se obtienen a partir del aprendizaje de las aptitudes básicas, sino que muchos empresarios de la comunidad empresarial han lamentado que «la gran mayoría de los nuevos empleados carecen de una escritura adecuada y una habilidad para resolver problemas»[31].

Dada la limitada naturaleza de los intereses de empresa, no resulta sorprendente que, cuando cuestiones como la responsabilidad pasan a formar parte del lenguaje de la reforma educativa, lo hagan de manera separada de otras consideraciones más amplias de la ética, la equidad y la justicia. Este tipo de discurso empresarial no sólo carece de una visión que vaya más allá de su propio interés pragmático, sino también de un inventario autocrítico de su propia ideología y de los efectos de ésta en la sociedad. Pero, desde luego, uno no espera que estos asuntos aparezcan en el ámbito

---

29. GERSTNER, L.V. Jr. (1998): «Public Schools Need to Go the Way of Business». *USA Today*, n. 16 (4 de marzo de 1998), p. 13A.
30. *Ibídem*.
31. MANEGOLD, C.S. (1998): «Study Says Schools Must Stress Academics». *The New York Times* (viernes 23 de septiembre de 1998), p. A22. Resulta difícil de entender cómo un sistema educativo puede haber sometido a los estudiantes a una lección tan cruel de pedagogía comercial.

de las empresas en que los temas trascendentes empiezan y acaban en el balance final. Las cuestiones sobre los efectos de la reducción, la desindustrialización y la «tendencia al incremento –tanto en las oficinas como en las fábricas– de puestos de trabajo mal remunerados, temporales y sin beneficios, muy pocos de ellos decentes o permanentes»[32], ocasionadas por las reformas que han llevado a cabo compañías como IBM, deben plantearse desde la arena democrática que el mundo empresarial intenta «reestructurar». Las corporaciones no dirán nada de su conducta que promueve la fuga de capitales al extranjero, de la distancia cada vez mayor entre el trabajo intelectual, técnico y manual y la clase creciente de subempleados permanentes en oficios para los que no se requieren habilidades especiales, de la creciente desigualdad entre ricos y pobres, o del vergonzoso uso del trabajo infantil en países del tercer mundo. La responsabilidad de reconocer que los principios empresariales de eficiencia, responsabilidad y maximización de beneficios no sólo no han creado nuevos puestos de trabajo, sino que, en la mayoría de los casos, han acabado con ellos recae sobre el ciudadano culto[33].

Mi opinión, por supuesto, es que tales lagunas del discurso público constituyen uno de los pilares fundamentales de la ideología de empresa, que rechaza solucionar la escasez de visión moral que les aporta el fundamento para una reforma universitaria organizada de acuerdo a las reformas empresariales llevadas a cabo durante la última década.

Sin embargo, la organización de la enseñanza superior según los principios empresariales y las relaciones que crean con la comunidad empresarial van mucho más allá de la reorientación del significado y el objeto de la enseñanza superior: estas reformas también instrumentalizan los planes de estudios y restringen el significado de ampliar el conocimiento a asuntos de mayor cariz social. Las relaciones entre el mundo empresarial y la universidad proporcionan un ejemplo concreto de la voluntad, tanto de los educadores como de los ejecutivos de las empresas, de reconocer los efectos que estas fusiones tienen en la presentación y difusión del conocimiento en interés del bien público. La pérdida de interés por parte de centros como el MIT de vender parte de su plan de estudios a las empresas constituye la consecuencia ética de ignorar la investigación científica básica que beneficia a toda la humanidad simplemente porque este tipo de investigación ofrece pocas posibilidades de maximizar beneficios. Ralph Nader afirmaba recientemente en un discurso emitido en la cadena de ámbito nacional C-Span que una de las consecuencias de este tipo de transacciones es que las universidades prácticamente no hacen nada para desarrollar vacunas contra la malaria o la tuberculosis mientras estas enfermedades matan a grandes cantidades de personas en países del tercer mundo; estas intervenciones no se consideran inversiones rentables[34]. La investigación determinada únicamente por el patrón del beneficio mina el papel de la uni-

---

32. ARONOWITZ, S.; DE FAZIO, W. (1997): «The New Knowledge Work», en HALSEY, A.H.; LAUDER, H.; BROWN, Ph.; WELLS, S.A. (eds.): *Education: Culture, Economy, Society*. Nueva York. Oxford, p. 193.
33. Esto está ampliamente documentado en RIFKIN, J. (1995): *The End of Work*. Nueva York. G. Putnam Book.; WOLMAN, W.; COLAMOSCA, A. (1997): *The Judas Economy: The Triumph of Capital and the Betrayal of Work*. Reading. Addison-Welsley Publishing; ARONOWITZ, S.; DIFAZIO, W. (1994): *The Jobless Future*. Minneapolis. University of Minnesota Press; (1996): *The New York Times Report: The Downsizing of America*. Nueva York. Times Books; ARONOWITZ, S.; CUTLER, J. (1998): *Post-Work*. Nueva York. Routledge.

versidad como área pública dedicada a tratar los problemas sociales más graves a los que se enfrenta una sociedad. Además, el modelo de empresa de investigación instrumentaliza el conocimiento y destruye formas de teorización, pedagogía y significación definitorias de la enseñanza superior como un bien público y no privado.

En gran parte del discurso empresarial sobre la educación se advierte la ausencia de análisis sobre cómo el poder determina el conocimiento, cómo la enseñanza de valores sociales más amplios proporciona garantías contra la conversión de las aptitudes ciudadanas en simples habilidades formativas para el lugar de trabajo correspondiente, o cómo la enseñanza puede ayudar a los estudiantes a reconciliar las necesidades, aparentemente contrarias, de la libertad y la solidaridad para, así, forjar una nueva concepción del valor cívico y la vida pública democrática.

La concepción del *modelo de empresa* del conocimiento como capital resulta privilegiada como forma de inversión en la economía, pero de poco valor si la confrontamos con el *poder de la autodefinición*, la *responsabilidad social* o las *aptitudes de las personas* para ampliar el alcance de la libertad, la justicia y el funcionamiento de la democracia[35].

El conocimiento desligado de las consideraciones éticas y políticas ofrece visiones limitadas, si es que verdaderamente lo hace, de cómo las universidades deberían enseñar a los estudiantes a luchar contra las barreras opresoras del género, la clase, la raza y la edad. Este lenguaje tampoco proporciona a los estudiantes las condiciones pedagógicas para utilizar críticamente el conocimiento: como una ideología profundamente arraigada en cuestiones y luchas relacionadas con el surgimiento de identidades, cultura, poder e historia. La educación es una práctica moral y política que siempre se presupone como una introducción y preparación para las diferentes formas de la vida social, como una interpretación específica de lo que constituye una comunidad y de lo que deparará el futuro.

Si la pedagogía trata, en parte, de la producción de identidades, entonces los planes de estudios elaborados a partir del modelo de la cultura de empresa han resultado extremadamente provechosos a la hora de preparar a los estudiantes para empleos de servicios que requieren poca preparación en una sociedad que tiene pocos trabajos que valgan la pena para ofrecer a la gran mayoría de sus licenciados. Si los presidentes de las empresas van a aportar alguna idea acerca de cómo debería reformarse la enseñanza, deberían primero deshacerse de su tendencia a eliminar las barreras entre la cultura de empresa y la cultura civil, entre una sociedad que se define a sí misma a través de los intereses del poder empresarial y otra que se define a partir de otras consideraciones más democráticas en relación con lo que constituye la ciudadanía esencial y la responsabilidad social. Además, deberían reconocer que los problemas de las universidades estadounidenses no deben reducirse a cuestiones de contabilidad o rentabilidad, ni la solución a estos problemas limitarse a las áreas de gestión y economía.

---

34. NADER, R. (1998): «Civil Society and Corporate Responsability», discurso realizado ante el National Press Club y emitido por la cadena C-Span-2 el 25 de marzo, 1998.
35. WEST, C.: «The New Cultural Politics of Difference». *October 53*, (verano de 1990), p. 35.

Los problemas de la enseñanza pública y superior deben afrontarse desde el ámbito de los valores y la política, al tiempo que se cuestionan los conceptos que los estadounidenses tienen como nación respecto al significado y objeto de la enseñanza y a su relación con la democracia.

La cultura de empresa y la política educativa

A medida que las universidades van adoptando cada vez más el modelo de empresa, se hace necesario entender cómo los principios de la cultura de empresa hallan su punto de intersección con el significado y propósito de la universidad, el papel de la generación de conocimiento del siglo XXI y las prácticas sociales inherentes a las relaciones entre profesores y estudiantes. Los augurios no son nada alentadores.

Los principios de contabilidad de costes de la eficiencia, estimación, predicción y control del orden empresarial han modificado de muchas maneras el significado y propósito de la educación. Tal y como ya he mencionado anteriormente, en la actualidad, a muchos decanos se les confiere el título de presidentes, los programas académicos se racionalizan para recortar gastos, y, en muchas universidades, los nuevos directores ejecutivos trabajan activamente para entablar relaciones estrechas entre sus universidades y el mundo de la empresa.

The New York Times informaba de lo que ya se ha convertido en una historia típica: un presidente con mentalidad empresarial de la Universidad de George Mason ha fomentado la formación tecnológica para así:

Potenciar la financiación de la universidad (por la legislatura estatal) con una cifra de 25 millones de dólares anuales, dado que la Universidad de George Manson tiene importantes relaciones con la industria tecnológica en auge del norte de Virginia[36].

En otros lugares, el resultado de la aparición de la universidad de empresa augura algo aun peor.

James Carlin, multimillonario e importante ejecutivo de seguros quien hasta ahora era el presidente del Massachusetts State Board of Education, pronunció un discurso en la Cámara de Comercio de Boston. En un discurso que deja entrever su ignorancia con relación a la historia reciente y a la misión crítica de la enseñanza superior, Carlin argumentó que las universidades deben restringirse tal y como pasó con las empresas en la pasada década, que la titularidad debe suprimirse, y que el cuerpo docente tiene demasiado poder en la toma de decisiones de la universidad. La conclusión de Carlin es que «al menos el 50% de la investigación de las humanidades y ciencias sociales es una tontería» y debería suspenderse[37]. Refiriéndose al aumento de los costes de la enseñanza superior, predijo lo siguiente:

Va a haber una revolución en la enseñanza superior que, nos guste o no, se va a des-

---

36. MANGAN, K.S., *op. cit.*, p. A44.
37. Cita de Carlin en HONAN, W.H. (1998): «The Ivory Tower Under Siege». *New York Times*, Section 4A (4 de enero de 1998), p. 33.

montar y a reconstruir de forma distinta. No será lo mismo. ¿Acaso debería serlo? ¿Por qué va a tener que cambiar todo menos la enseñanza superior? [38].

Carlin ha dejado clara su revolución con su postura de incrementar la carga lectiva de los profesores a cuatro cursos de tres créditos por semestre, reduciendo así el tiempo que los educadores dedican a la investigación o al desarrollo del poder institucional.

En la cuestión de la reforma universitaria están en juego algo más que las realidades y crudos principios del recorte de costes. En su reencarnación en la década de los años ochenta y noventa, la cultura de empresa parece tener muy poca paciencia con el conocimiento no mercantilizado o con los más altos ideales que definen la enseñanza superior como un servicio público. El antiintelectualismo y la animadversión de Carlin hacia los educadores y estudiantes parecen señalar que, a medida que la enseñanza superior pase a situarse bajo la influencia de las ideologías de empresa, las universidades serán modernizadas de acuerdo al nuevo paisaje del multiconglomerado. Una de las consecuencias de ello será un intento de restringir la libertad y la titularidad académicas. En una conversación sobre la titularidad que mantuvo con Bill Tierney, un administrador de empresa afirmó: «Tenemos que centrarnos en las prioridades de [...] la universidad en lugar de las prioridades individuales. Debemos industrializar la universidad, y la titularidad –la libertad académica– no forma parte de este modelo»[39].

En este modelo de liderazgo está ausente el reconocimiento de que la libertad académica comporta un conocimiento de función crítica, que la investigación intelectual que resulta impopular y crítica debe ser salvaguardada y tratada como un importante valor público, y que los intelectuales de los servicios públicos son más que meros funcionarios del orden empresarial.

Estos ideales se encuentran enfrentados con la función profesional que la cultura de empresa pretende asignar a la enseñanza superior.

Mientras que la campaña para la reducción de las dimensiones de la enseñanza superior parece haber despertado el interés público por el momento, oculta el hecho de que esta reorganización ya lleva realizándose desde hace algún tiempo. De hecho, actualmente hay más profesores trabajando a tiempo parcial e impartiendo estudios superiores de dos años que en cualquier otro momento de la historia reciente del país. En *The Chronicle of Higher Education*, Alison Schneider apuntaba que «en 1970, sólo el 22% del profesorado trabajaba a tiempo parcial. En 1995 esa proporción prácticamente se había doblado al alcanzar un 41%»[40].

El hecho de crear en la enseñanza superior una subclase permanente de trabajadores profesionales a tiempo parcial no sólo resulta desmoralizante y una verdadera explotación para muchos de los cuerpos docentes que realizan estos trabajos, sino que,

---

38. HONAN, *op. cit.*, p. 33.
39. Citado en TIERNEY, B. (1997): «Tenure and Community in Academe». *Educational Researcher*, n. 26 (noviembre de 1997), p. 17.
40. SCHNEIDER, A. (1998): «More Professors Are Working Part Time, and More Teach at 2-Year Colleges». *The Chronicle of Higher Education* (13 de marzo de 1998), p. A14.

además, estas políticas deshabilitan a los profesores con trabajo a tiempo parcial o completo, dado que les aumentan la cantidad de trabajo y, al mismo tiempo, transfieren su poder a los sectores empresariales de la universidad. La cultura empresarial ha apostado fuertemente por la dirección desde lo más alto; esto queda patente en los elevadísimos sueldos de muchos directores generales de este país. Por ejemplo, Stanford Weil, director de Citigroup, recibió 141,7 millones de dólares en 1998, mientras que Dennis Kozlowski, director general de Tyco International, ganó ese mismo año un sueldo de 74,4 millones[41]. Michael Eisner, director general de Walt Disney Inc., se cree que ha ganado más de 1.000 millones de dólares desde que llegó a Disney hace catorce años[42]. El precio de un modelo de dirección de este tipo parece destruir todas y cada una de las imágenes de la universidad como espacio público de elaboración de los valores democráticos, de las comunidades de enseñanza críticas y de las relaciones laborales justas.

Sujetas al patrón de obtención de beneficios, las universidades ajustarán cada vez más la oferta con relación a la demanda; de este modo y considerando las formas de conocimiento e investigación que resultarán legitimadas y recompensadas, el resultado tiene muy mal presagio. Además, parece que las poblaciones de clase baja y las minorías raciales tendrán un menor acceso a la enseñanza superior. A medida que aumenten la globalización y las fusiones empresariales, que las tecnologías se desarrollen, y se extiendan las prácticas de rentabilidad, habrá cada vez menos trabajo para ciertos profesionales a resultas del inevitable incremento de los criterios de admisión, de la reducción de créditos a estudiantes y de la limitación del acceso a la enseñanza superior.

Stanley Aronowitz afirma que la naturaleza cambiante del trabajo intelectual, de la generación de conocimiento, y el exceso de oferta de profesionales a escala universal desautorizan la educación general como respuesta al desempleo creciente de las clases profesionales. Aronowitz escribe:

A pesar de todo el bombo publicitario acerca de que hay millones de nuevos trabajos que requieren credenciales y conocimientos avanzados y especializados, la verdadera realidad es que el cambio tecnológico, la globalización y un crecimiento relativamente lento han hecho disminuir la demanda de ciertos profesionales...Y, a pesar del boom de mediados de la década de los años noventa, la anterior escasez crónica de médicos, contables y abogados prácticamente ha desaparecido. De hecho, la globalización del trabajo industrial (intelectual) está empezando a influir en las industrias del conocimiento mediante ingenieros y diseñadores informáticos hindúes y chinos que realizan un tipo de trabajo que antes se hacía casi exclusivamente en Norteamérica y Europa occidental. ¿Y estas personas, que no son científicos, necesitan realmente demostrar que han realizado el curso correspondiente para poder realizar un trabajo completamente intelectual? Si los trabajos son verdaderamente el resultado de unas credenciales, existen pocos argumentos para la enseñanza superior para todos[43].

---

41. Citado en ABELSON, R. (1999): «Silicon Valley Aftershocks». *New York Times*, Section 3 (4 de abril de 1999), p. 1.
42. El sueldo de Eaton se cita en «GMC CEO PAY». *USA Today*. Section B (21 de abril de 1998), p. 1B. La referencia a Eisner está citada en BONIN, L.: «Tragic Kingdom». *Detour Magazine* (abril de 1998), p. 70.
43. ARONOWITZ, S. (1998): «The Corporate University». *Dollars and Sense* (marzo/abril de 1998), pp. 34-35.

Que haya pocos trabajos para universitarios significa que también habrá pocos estudiantes que se matriculen o tengan acceso a esos programas, pero también que los procesos de profesionalización, impulsados por los valores empresariales de flexibilidad, competencia y producción ajustada, y racionalizados de acuerdo a los principios contables, comporten un peligro de destrucción de muchos departamentos académicos y programas que no pueden traducir su temario en ganancias económicas. Los programas y cursos centrados en áreas tales como la teoría crítica, la literatura, el feminismo, la ética, el medio ambiente, el postcolonialismo, la filosofía y la sociología aportan una visión cosmopolita e intelectual y una preocupación por los temas sociales, y, no obstante, todo ello será eliminado o tecnificado debido a que el mercado considera su papel como únicamente decorativo. De manera similar, tampoco concuerdan con los imperativos de reducción, eficiencia y cálculo de costes las condiciones laborales que permiten a profesores y licenciados ayudantes comentar ampliamente el trabajo de los alumnos, impartir pequeños seminarios, dedicar tiempo a aconsejar a los alumnos, dirigir estudios independientes, y realizar una investigación en colaboración con otros colegas o estudiantes[44].

La enseñanza y la democracia

Quiero volver a retomar la cuestión que planteaba al principio de este artículo de que en esta sociedad se les está dando demasiado poder a las empresas para expresar así la necesidad de que haya más educadores y personas que se enfrenten a esta amenaza para todas las facetas de la vida pública organizada alrededor de los principios no mercantilizados de justicia, libertad e igualdad. Si queremos que la democracia siga siendo un principio definitorio de la educación y la vida diaria, es esencial que desafiemos el abuso del poder de la empresa. Una parte de este desafío necesita que los educadores y demás personas creen organizaciones capaces de fomentar el diálogo cívico, que proporcionen un concepto alternativo del significado y propósito de la enseñanza superior, que desarrollen organizaciones políticas que puedan influir en la legislación para desafiar la ascensión del poder empresarial por encima de las instituciones y mecanismos de la sociedad civil. Este proyecto requiere que los educadores, los estudiantes y demás personas proporcionen la lógica necesaria y pongan en marcha la creación de enclaves de resistencia, de nuevas culturas públicas para el desarrollo colectivo y de espacios institucionales que focalicen, alienten y evalúen el pulso entre la sociedad civil y el poder empresarial a la vez que luchan por dar prioridad a los derechos de los ciudadanos frente a los derechos del consumidor.

En términos estratégicos, la revitalización del diálogo público comporta que los educadores tengan que tomarse en serio la importancia de la defensa de la ense-

---

44. Este asunto se ha extraído de BERUBE, M. (1998): «Why Inefficiency is Good for Universities». *The Chronicle of Higher Education* (27 de marzo de1998), pp. B4-B5.

ñanza superior como una institución de la cultura cívica, cuyo propósito es educar a los estudiantes para la ciudadanía activa y crítica[45].

Dentro de un contexto más amplio de cuestiones en relación con la responsabilidad social, la política y la dignidad de la vida humana, la educación debería defenderse como un lugar que ofrece a los estudiantes la oportunidad de participar en los problemas más profundos de la sociedad, de adquirir los conocimientos, las herramientas y el vocabulario ético necesario para lo que Vaclav Havel describe como «la participación más rica posible en la vida pública»[46]. Educadores, padres, legisladores, estudiantes y movimientos sociales necesitan unirse para defender la enseñanza superior como algo indispensable para la vida de la nación, puesto que constituye uno de los pocos espacios públicos existentes en que los estudiantes pueden aprender el poder de la democracia y participar en la experiencia de ésta.

Ante la toma de poder por parte de las empresas, de la modificación constante del plan de estudios y de la conversión de los estudiantes en consumidores, un proyecto de estas características necesita que los educadores lleven a cabo una lucha colectiva de afirmación de la importancia crucial de la enseñanza superior a la hora de proporcionar a los estudiantes las aptitudes necesarias para aprender a dirigir y a afrontar riesgos, y al mismo tiempo, desarrollar el conocimiento necesario para deliberar, aportar argumentos razonados y emprender acciones sociales. De lo que se trata con esto es de dotar a los estudiantes de una educación que les permita identificar el sueño y la promesa de una democracia sustantiva, y, especialmente, de la idea de que:

Como ciudadanos, tienen derecho a los servicios públicos, a una vivienda digna, a la seguridad, a la protección, a la ayuda en momentos difíciles, y, lo que es más importante, a tener una parcela de poder en la toma de decisiones[47].

No obstante, aún se necesitan más cosas a la hora de defender la enseñanza superior como una esfera vital en la que fomentar y alentar el equilibrio adecuando entre las áreas democráticas públicas y el poder comercial, entre las identidades basadas en los principios democráticos y las identidades imbuidas de individualismo competitivo e interesado que se congratulan de sus ventajas materiales e ideológicas.

Dado el ataque actual a los educadores de todos los niveles educativos, es políticamente crucial defenderlos a todos ellos como intelectuales públicos, responsa-

---

45. Existen diversos libros que abordan la relación entre la enseñanza y la democracia; entre las contribuciones críticas más recientes se encuentran: KELLY, E.A. (1995): *Education, Democracy, & Public Knowledge*. Boulder. Westview; CARR, W.; HARTNETT, A. (1996): *Education and the Struggle for Democracy*. Philadelphia. Open University Press; GIROUX, H.A. (1993): *Border Crossings: Cultural Workers and the Politics of Education*. Nueva York. Routledge.; ARONOWITZ, S.; GIROUX, H.A. (1991): *Postmodern Education*. Minneapolis. University of Minnesota Press.; ARONOWITZ, S.; GIROUX, H.A. (1993): *Education Still Under Siege*. Connecticut. Bergin and Garvey Press, y GIROUX, H.A. (1997): *Pedagogy and the Politics of Hope*. Boulder. Westview.
46. HAVEL, V. (1988): «The State of the Republic». *The New York Review of Books* (22 de junio de 1988), p. 45.
47. KELLEY, R.D.G. (1997): «Neo-Cons of the Black Nation». *Black Renaissance Noire*, n. 1 (verano/otoño de 1997), p. 146.

bles e indispensables, para el servicio a la nación. Una llamada de este tipo no debe hacerse simplemente en nombre de la profesionalidad, sino también en los términos del deber social público que aportan estos intelectuales.

Los intelectuales de nuestras universidades representan la conciencia de una sociedad, no sólo porque dan forma a las condiciones en que las generaciones futuras aprenderán su historia y relaciones para con los demás y el mundo, sino porque también fomentan las prácticas pedagógicas que, por su naturaleza moral y política, son algo más que simples técnicas. En su mayor grado, estas prácticas pedagógicas son el testimonio de los dilemas éticos y políticos que impulsan un paisaje social más amplio. La llamada que se realiza aquí no es únicamente ética, sino que se dirige a la materialidad del poder, los recursos, el acceso y la política.

Organizarse frente al asalto de las instituciones educativas por parte de las empresas conlleva también, especialmente en lo relativo a la enseñanza superior, la lucha por la protección de los empleos del los profesores a tiempo completo, la conversión de los trabajos de profesor adjunto en puestos a jornada completa, la ampliación de las prestaciones a los trabajadores a tiempo parcial, y la concesión de poder al cuerpo docente y estudiantes. Además, una lucha de este calibre debe afrontar también las condiciones de explotación en las que trabajan muchos licenciados, que conforman un ejército de trabajadores de servicios mal pagados, sobresaturados de trabajo y despojados de cualquier poder o prestación[48]. De manera similar, los programas de muchas universidades que ofrecen clases de recuperación, de refuerzo, y otros recursos pedagógicos fundamentales están sufriendo un gran ataque, a menudo por administraciones conservadoras que pretenden impedir cualquier intento de la universidad de reparar las profundas desigualdades de la sociedad al tiempo que niegan una educación decente a las minorías de otras clases sociales y etnias. Por consiguiente, los profesores y estudiantes tienen que soportar cada vez más clases abarrotadas, la escasez de recursos y a los legisladores hostiles. Estos educadores y estudiantes deben unirse con gente de la comunidad y movimientos sociales en una plataforma común de resistencia al avance del espíritu empresarial dentro de las instituciones educativas, a la reducción de los servicios básicos, y a la explotación de los profesores auxiliares y adjuntos.

Ante la creciente cultura empresarial de las instituciones educativas, los educadores progresistas de todos los niveles deberían también organizarse para establecer un programa de derechos que identifique y subraye el alcance de relaciones no comerciales que podrían utilizarse para mediar entre el mundo de los negocios y el de la enseñanza superior. Si se pretenden desafiar a las fuerzas de la cultura empresarial, los educadores progresistas deben también contar con el apoyo de las diferentes comunidades, del gobierno local y federal, y de otras fuerzas políticas para asegurar que las instituciones públicas de enseñanza superior están tan bien fundamentadas, que no tendrán que confiárselas a las empresas patrocinadoras ni a los ingresos

---

48. Véase NELSON, C. (ed.) (1997): *Will Teach For Food: Academic Labor in Crisis.* Minneapolis. University of Minnesota Press.

publicitarios. El modo en que nuestras universidades técnicas y superiores educan a la juventud para el futuro determinará el significado y la esencia de la democracia en sí misma. Una responsabilidad de este calibre necesita dar prioridad a la comunidad democrática, a los derechos de los ciudadanos y al bien público frente a las relaciones de mercado, a las limitadas exigencias de los consumidores y a los intereses de empresa.

La cultura de empresa en la educación en Estados Unidos refleja una visión en crisis del significado y propósito de la democracia en un momento en que:

Las culturas de mercado, moralidades de mercado y mentalidades de mercado [están] destruyendo la comunidad, minando la sociedad civil y desautorizando el sistema de educación de los niños[49].

Sin embargo, una crisis así constituye una oportunidad única para los educadores progresistas de profundizar y ampliar el significado de la democracia, definido de manera radical como una lucha para equilibrar la distribución de la riqueza, los ingresos y el conocimiento, reconociendo y valorando positivamente la diversidad cultural, mediante la afirmación de la primacía de la política, el poder y la lucha como una tarea pedagógica[50].

No nos estamos jugando únicamente el futuro de la enseñanza superior, sino también la naturaleza de la democracia crítica en sí misma. La *democracia* no es sinónimo de *capitalismo*, y la ciudadanía crítica no se limita a ser un consumidor instruido. Los educadores necesitan enfrentarse al avance del poder empresarial resucitando la noble tradición, que va desde Horace Mann a Martin Luther King, Jr., en la cual la educación se afirma como un proyecto político que insta a la gente a ampliar su ámbito de aptitudes para, así, asegurar la primacía del bien público sobre los intereses de empresa y reivindicar el papel de la democracia como algo más que un espectáculo de la cultura de mercado.

---

49. WEST, C. (1994): «America's Three-Fold Crisis». *Tikkun*, n. 9, p. 42.
50. Sobre este tema véase FRASER, N. (1997): *Justice Interruptus.* Nueva York. Routledge.

3

Los límites del multiculturalismo académico

*Hay personas que no se molestan por la existencia del diablo
porque tienen una teoría que da cuenta de ello.
Ahora estoy pensando en algunas [...] que, ante la desdicha,
se ponen rápidamente a demostrar por qué existe.
Incluso la comprensión puede ser demasiado rápida*[1].

Introducción

Durante más de una década, los multiculturalistas críticos han expuesto argumentos poderosos para replantear las posibilidades políticas y pedagógicas del multiculturalismo en la enseñanza superior[2]. Señalando una nueva concepción de cómo los mecanismos de dominación y la exclusión trabajan para reproducir y legitimar la

---

1. HORKHEIMER, M. (1978): *Dawn and Decline: Notes 1926-1931 & 1950-1969.* Nueva York. The Seabury Press, p. 24.
2. El multiculturalismo engloba una amplia variedad de perspectivas sobre cuestiones centrales de la cultura, la diversidad, la identidad, el nacionalismo y la política. Además, al enfrentarse a una cuestión tan diversa como el multiculturalismo, la indefinición teórica y política del término hace pensar automáticamente en cualquier análisis que va de lo particular a lo general. Y, no obstante, la naturaleza arbitraria de un análisis de este tipo resulta necesaria a la hora de tratar y valorar críticamente ciertas tendencias naturales definitorias de un campo frente a la presencia de discursos marginales enfrentados con estas tendencias. Entre los libros recientes más importantes que tratan las múltiples significaciones del multiculturalismo se encuentran: GIROUX, H.A. (1993): *Living Dangerously: Multiculturalism and the Politics of Culture.* Nueva York. Peter Lang; GIROUX, H.A. (1992): *Border Crossings.* Nueva York. Routledge.; GOLDBERG, D.Th. (ed.) (1994): *Multiculturalism: A Critical Reader.* Massachusetts. Basil Blackwell.; GORDON, A.; NEWFIELD, Ch. (eds.) (1996): *Mapping Multiculturalism.* Minneapolis. University of Minnesota Press.; BENET, D. (ed.) (1998): *Multicultural States.* Nueva York. Routledge. Para una topografía y análisis crítico extensivos de las diferentes posiciones en la enseñanza multicultural, véase KINCHELOE, J.L.; STEINBERG, Sh.R. (1997): *Changing Multiculturalism.* Nueva York. Open University Press.

arraigada naturaleza de la clase, la raza, el género y las jerarquías sexuales en la enseñanza superior, los multiculturalistas críticos combinan a menudo el estudio de formas simbólicas y prácticas significantes con un necesario y vigorizante estudio de las relaciones entre la cultura y la política[3].

Para muchos multiculturalistas críticos, el proceso de la enseñanza se transforma en un campo de batalla a través del significado y propósito de las humanidades, del valor de la disciplina, de la función reguladora de la cultura, de la relación entre conocimiento y autoridad y de quién posee la exclusiva sobre las condiciones para la elaboración de conocimiento[4]. Los multiculturalistas críticos también han puesto en cuestión las categorías fundacionales que establecen los cánones de las grandes obras, la división entre alta y baja cultura, y la supuesta comunidad académica «objetiva» que marca las exclusiones entre las diferentes disciplinas[5]. De manera similar, han emprendido duras batallas para el establecimiento de programas académicos que traten los intereses de los diversos grupos, incluyendo estudios de mujeres, estudios hispanos y programas gays y lésbicos[6]. Además de desafiar el contenido de los planes de estudios, han conseguido hacer frente a la distribución institucional de poder en la educación superior, en parte ampliando a través de la discriminación positiva y otros programas, las oportunidades para una minoría de estudiantes de poder acceder a las universidades.

El multiculturalismo crítico ha obtenido algunos de sus mayores logros al sumarse a los discursos públicos accesibles en la universidad que proporcionan a los estudiantes una serie de opciones pedagógicas por las que dedicarse, actuar y hablar para ampliar sus capacidades de crear una sociedad democrática más fuerte. Entre las concepciones progresivas del multiculturalismo, las antiguas barreras culturales y la vieja disciplina han dado paso a otras nuevas, y el anclaje del monoculturalismo ha sido considerablemente paliado mediante un énfasis sustancial en las culturas pluralizadas en las que diferentes grupos pueden ahora reclamar las identidades e historias individuales que representan y dan forma a las diferentes experiencias culturales[7].

---

3. Para una topografía y análisis crítico extensivos de las diferentes posiciones en la enseñanza multicultural, véase KINCHELOE, J.L.; STEINBERG, Sh.R. (1997): *Changing Multiculturalism*. Nueva York. Open University Press.
4. Un ejemplo clásico de este tipo de trabajo es THOMPSON, B.W.; TYAGI, S. (eds.) (1993): *Beyond a Dream Deferred: Multicultural Education and Politics*. Minneapolis. University of Minnesota Press.
5. Un ejemplo clásico de este trabajo se encuentra en LEVINE, L. (1996): *The Opening of the American Mind*. Boston. Beacon Press.
6. Sobre las reformas de la enseñanza general que se han aprobado bajo la bandera del multiculturalismo véase GEYER, M. (1993): «Multiculturalism and the Politics of General Education». *Critical Inquiry*, n. 19 (primavera de 1993), pp. 499-533.
7. Un texto importante de este género es ANSALDUA, G. (ed.) (1990): *Making Face, Making soul: Haciendo Caras: Creative and Critical Perspectives by Women of Color*. San Francisco. Aunt Lute Foundation. Aquí yo también incluiría la emergencia de una producción académica crítica en los estudios blancos. Esta literatura es demasiado amplia para citarla aquí, pero algunos de los trabajos más recientes son: DELGADO, R.; STEFANIC, J. (eds.) (1997): *Critical Whiteness Studies*. Philadelphia. Temple University Press.; FRANKENBERG, R. (ed.) (1997): *Displacing Whiteness*. Durham. Duke University Press; HILL, Mike (ed.) (1997): *Whiteness: A Critical Reader*. Nueva York. New York University Press.; NEWITZ, A.; WRAY, M. (eds.) (1997): *White Trash*. Nueva York. Routledge.; ROEDIGE, D.R. [ed.] (1998): *Black on White: Black Writers on What*

Argumentado que los textos culturales están inextricablemente relacionados con otros procesos sociales más amplios, los multiculturalistas culturales han aumentado nuestro conocimiento sobre cómo la cultura afecta en la educación para la construcción del conocimiento, la producción de diferentes identidades sociales y la legitimación de planos de conocimiento específicos. Estas perspectivas han llevado más allá nuestra noción de política cultural y la oportunidad de hacer de lo pedagógico algo más político al ligar la lectura y escritura de los textos culturales a la adquisición de estas habilidades y conocimientos necesarios para convertirnos en lectores críticos y actores sociales. A partir de diversas teorías desconstructivistas, postestructuralismo y postmodernismo, los multiculturalistas académicos se han apropiado del giro crítico hacia el lenguaje, con especial énfasis en las estrategias de indeterminación, duda y significados polivocales para desafiar el logocentrismo occidental y arrojar a la luz códigos raciales que discursivamente conforman «lo blanco» como una manera de opresión y dominación.

Actualmente los textos no se ven únicamente como objetos para desafiar los medios de la autoridad racial y colonial, sino también como recursos pedagógicos para reescribir las posibilidades de nuevas narrativas, identidades y espacios culturales[8]. Al centrarse en las políticas de representación para llamar la atención sobre las maneras en que los textos movilizan los significados para suprimir, acallar y retener las historias, las voces y las experiencias marginadas, los multiculturalistas críticos han legitimado el poder de lo simbólico como una fuerza pedagógica a la hora de asegurar la autoridad, y como una estrategia pedagógica en la elaboración de diversas formas de contienda y resistencia.

La subjetividad y la representación son el núcleo determinante para dar forma a la política cultural en los discursos liberales y radicales del multiculturalismo académico y sirven para destacar las estrategias pedagógicas que priorizan la lectura de textos y la consiguiente lucha por el control y la producción de identidades[9]. Aunque los multiculturalistas críticos y radicales han prestado atención a la relación entre la cultura y las relaciones sistémicas de poder dentro de la universidad, han centrado amplia y pedagógicamente sus esfuerzos en temas como el lenguaje, la negociación y la identidad cultural. De entre estas aproximaciones, lo político, como forma de crítica ideológica, define en buena parte la alfabetización como el imperativo pedagógico de leer los textos de un modo diferente, de «llamar la atención sobre la ambivalencia discursiva»[10], de reconocer las diferentes lógicas de significación, y de desestabilizar el

---

it Means to Be White. Nueva York. Schocken Books; FERBER, A.L. (1998): White Man Falling. Boulder. Rowman and Littlefield. Un ensayo interesante sobre los estudios blancos es HILL, M. (1998): «Souls Undressed: The Rise and Fall of New Whiteness Studies». The Reviews of Education/Pedagogy/Cultural Studies, n. 20, pp. 229-329.
8. Un ejemplo de este trabajo se encuentra en GOODING-WILLIAMS, R. (ed.) (1993): Reading Rodney King: Reading Urban Uprising. Nueva York. Routledge.
9. Véase, por ejemplo, AWKWARD, M. (1995): Negotiating Difference. Chicago. University of Chicago Press.
10. Esta idea de deducción del sentido común es de Homi Bhabha y se ha extraído de OLSON, G.; WORSHAM, L. (1998): «Staging the Politics of Difference: Homi Bhabha's Critical Literacy-an Interview». Journal of Composition Theory, n. 18, p. 367.

consenso del sentido común que conforma los valores públicos dominantes, la identidad nacional y el significado de la ciudadanía. El multiculturalismo académico en sus vertientes más radicales ha ido más allá del simple hecho de abrir los textos a una multiplicidad de interpretaciones, a un espacio intermedio de traducción en que el conocimiento subalterno puede representarse y oírse. También ha insistido en la necesidad de que los intelectuales dominantes trabajen en contra de sus propios privilegios e intereses mientras «se deshace la autoridad de la academia y el conocimiento al tiempo que [ellos] continúan participando plenamente en ellos y haciendo todo el uso de su autoridad como profesores, investigadores, planificadores y teóricos»[11].

En su mejor vertiente, el multiculturalismo crítico le ha dado un nuevo ímpetu al debate sobre el papel que las humanidades y la universidad deben tener a la hora de crear una cultura pública y plural esencial para fomentar los preceptos básicos de una vida pública democrática. También ha trabajado para conseguir un espacio institucionalizado para el surgimiento de nuevos cuerpos de conocimiento, métodos críticos y relaciones sociales junto a aquellos (métodos) viejos, tradicionales y familiares[12]. El multiculturalismo crítico ha aportado nuevos discursos de oposición al poder opresor en la universidad, para así originar la formación de nuevas sociedades de diferencia. Al pluralizar la alfabetización, el multiculturalismo ha redefinido las posibilidades pedagógicas que tienen los profesores y estudiantes para captar sus ubicaciones históricas e identidades propias de un modo más formativo que estático, como parte de un proceso de cruce de fronteras y como una manera de transformación en la que la producción de las diferencias culturales es un atractivo inestimable y en constante adaptación para la vida pública democrática[13].

Sin embargo, a pesar de las contribuciones que los multiculturalistas críticos han llevado a cabo con relación a la democratización de la educación superior, su trabajo ha generado un intenso debate y represalias por la relación entre la cultura y la política. A continuación, quiero dedicarme a varias de las acusaciones más ruidosas que han salido a la luz en contra del multiculturalismo crítico. Aunque muchas de estas críticas son importantes para la construcción de una idea viable de la política cultural, yo querría ir más allá de estos análisis y argumentar que el multiculturalismo crítico debe superar su estrechez de miras y su confianza en las estrategias culturales, y, así, establecer una política cultural de la diferencia que se tome en serio la relación entre la cultura y el poder y las implicaciones que éste último tiene a la hora es establecer una conexión entre el trabajo que se realiza en la universidad y las luchas más amplias en la sociedad en general.

Dado que los esfuerzos y limitaciones del multiculturalismo crítico sólo pueden ser entendidos como parte del resultado de una lucha más amplia por ciertos aspectos de la cultura, la identidad y el poder, voy a empezar por tratar las formas dominantes del

---

11. BEVERLY, J. (1996): «Pedagogy and Subalternity: Mapping the Limits of Academic Knowledge», en PAULSTON, R.G. (ed.): *Social Cartography*. Nueva York. Garland, pp. 351-352.
12. Para consultar una selección de artículos que tratan estos temas, véase GOLDBERG, D.Th. (ed.) (1994): *Multiculturalism: A Critical Reader*. Boston. Basil Blackwell.
13. Para consultar este tema del multiculturalismo y el traspaso de los límites, véase GIROUX, H.A. (1992): *Border Crossings*. Nueva York. Routledge.

multiculturalismo en la universidad, que consisten en modelos centristas de administración de la diversidad y en intentos liberales de desarrollar una política de reconocimiento. Después me centraré en el surgimiento de una línea de multiculturalismo crítico que se ha desarrollado en oposición a estas formas de multiculturalismo, y analizaré su particular desvío, que se ha tomado principalmente a través de los estudios literarios, centrados en la política y la pedagogía de la textualidad. A continuación trataré brevemente el ataque conservador a todas las formas de multiculturalismo académico y el papel que los conservadores juegan al oponerse al multiculturalismo como forma de política radical cultural en la universidad. El papel paradójico que han jugado los conservadores requiere cierto desarrollo. No sólo se han embarcado en una forma de política cultural que se define como contraria a la política, al tiempo que establece la agenda para el modo en que la cultura y el poder regulan los temas de identidad y diferencia dentro de la enseñanza superior, sino que también han supuesto un gran desafío para sus homólogos de izquierdas, que teorizan y planifican la relación entre la cultura, el poder y la política centrándose casi exclusivamente en cuestiones de significación y textualidad.

La gestión de la diversidad y la política del reconocimiento

El multiculturalismo académico en sus versiones empresariales y liberales ha resultado últimamente bastante atacado, no sólo por los conservadores, sino también y cada vez más por los críticos de izquierdas. Al rechazar el vínculo entre las diferencias culturales y las relaciones de poder, los multiculturalistas que representan los intereses de las corporaciones multinacionales y las visiones centristas de la academia han sido ampliamente criticados por su intento de gestionar la diversidad mediante políticas diseñadas para incluir la resistencia «celebrando las diferencias culturales sólo de boquilla»[14]. Al mismo tiempo, estas estrategias acaban con los desafíos de la minoría de estudiantes frente a la mala distribución del poder y de los recursos en la enseñanza superior. En esta versión del multiculturalismo, la raza y la diferencia son neutralizadas en el marco globalizador, pero homogéneo, de la lógica de la asimilación o del discurso insensible al poder del pluralismo[15]. Despolitizada y domesticada, la cultura es ahora limpiada de todo contenido racial e inmune a los conflictos y exclusiones que forman parte de su legado histórico[16].

---

14. GOLDBERG, D.Th. (1994): «Introduction: Multicultural Conditions», en GOLDBERG, D.Th.: *Multiculturalism: A Critical Reader.* Massachusetts. Basil Blackwell, pp. 7-8.
15. Esto puede ser la explicación de por qué los conservadores como Nathan Glazer afirman que hoy en día todos somos multiculturalistas. La visión de Glazer sobre el multiculturalismo es tan necia que apoyarla comporta la destrucción de todas las posibilidades críticas que podría ofrecer a los educadores. Véase GLAZER, N. (1998): *We Are All Multiculturalists Now.* Cambridge. Harvard University Press.
16. Para ver una crítica de los textos multiculturales que despolitizan temas como la diferencia cultural a la vez que fomentan formas de turismo cultural, véase DREW, J. (1997): «Cultural Tourism and the Commodified Other: Reclaiming Difference in the Multicultural Classroom». *The Review of Education/Pedagogy/Cultural Studies,* n. 19, pp. 297-309.

De hecho, los críticos de izquierdas han afirmado recientemente que, en el marco de la corriente fundamental de apropiación del multiculturalismo, la gestión se ha convertido en el principio organizador de regulación de las diferencias, a menudo tratando el racismo como una simple patología y prejuicio, en lugar de como un legado histórico y sistemático de la supremacía blanca[17]. Angela Davis, por ejemplo, ha comentado lo siguiente:

> La gestión de la diversidad es precisamente un medio que preserva y fortalece las relaciones basadas en la clase, el sexo y la raza [y que] esa disciplina de la diversidad es, en realidad, una estrategia para un mayor control de la clase trabajadora[18].

Además, los críticos radicales como David Bennet han criticado también las versiones liberales de la gestión de la diversidad basadas en el llamamiento a la tolerancia de grupo y a una política de igualdad de respeto hacia el otro[19]. Estas aproximaciones al multiculturalismo académico se centran en la diferencia racial «como una cuestión más de identidad que de historia y política»[20]. Según Bennet, el modelo de gestión de la diversidad del multiculturalismo se organiza alrededor de una idea de *pluralismo* que, en realidad, rechaza la política de la diferencia entre los grupos culturalmente diferentes a la vez que pone en primer plano el «consenso frente a cualquier otra estructura más global de poder, privilegio o desigualdad que pueda definir a un grupo como una comunidad»[21].

Avery Gordon y Christopher Newfield alegan que en el multiculturalismo liberal no existe un lenguaje ni para reconocer los determinantes estructurales de la desigualdad dentro de la universidad, ni para desafiar «los aspectos culturales más letales de la norma blanca –asimilación– que permite que la simple presencia de los blancos se convierta en una forma de control»[22].

Algunas personas progresistas afirman que la política cultural de este discurso se anquilosa y celebra las identidades políticas por derecho propio en vez de movilizar las identidades sociales en interés de un proyecto político contrahegemónico más amplio. Además, acusan que la política del reconocimiento y la gestión de la diversidad se hallan arraigadas en una forma de fundamentalismo que parte de la asunción de que las personas viven en experiencias, lugares y memorias culturales preconsti-

---

17. Por ejemplo, MOHANTY, Ch.T. (1998-1999): «On Race and Voice: Challenges for Liberal Education in the 1990s». *Cultural Critique* (invierno de 1998-1999), pp. 179-208.; FISH, S. (1992): «Bad Company». *Transition*, n. 56, pp. 60-67; AZOULAY, K.G. (1997): «Experience, Empathy and Strategic Essentialism». *Cultural Studies*, n. 11, pp. 89-110.
18. DAVIS, A.Y. (1996): «Gender, Class, and Multiculturalism: Rethinking Race Politics», en GORDON, A.; NEWFIELD, Ch. (eds.): *Mapping Multiculturalism*. Minneapolis. University of Minnesota Press, p. 42.
19. El clásico ejemplo de este tipo de liberalismo clásico radical se encuentra en TAYLOR, Ch. y otros (ed.: Amy Gutman) (1994): *Multiculturalism*. Princeton. Princeton University Press, especialmente el trabajo de Charles Taylor sobre la política de reconocimiento.
20. BENNETT, D. (1998): «Introduction». *Multicultural States*. Nueva York. Routledge, p. 4.
21. *Ibídem*, p. 5.
22. GORDON, A.; NEWFIELD, Ch. (1996): «Multiculturalism's Unfinished Business», en GORDON, A.; NEWFIELD, Ch. (eds.): *Mapping Multiculturalism*. Minneapolis. University of Minnesota Press, p. 80.

tuidas diferentes, pero inmaculadas[23]. Dentro de este paradigma, la política se dedica más al reconocimiento de la diversidad y al establecimiento de un consenso que a luchar contra la desigualdad, los abusos de poder y la supremacía blanca[24].

Homi Bhabba sintetiza la importancia de esta crítica al redefinir la diferencia cultural como un producto del poder y la política en lugar de como posiciones de diferencia preconstituidas, tal y como sugieren los discursos liberales, como por ejemplo, la famosa política del respeto de Charles Taylor. Bhabha escribe:

> La idea de que la diversidad cultural constituye un problema porque ya hay muchas culturas diferentes no es la razón por la que existe la diferencia cultural. La diferencia cultural es un discurso elaborado en un momento en el que se están desafiando elementos del poder o la autoridad [...] La diferencia cultural no resulta difícil, si se quiere, por el hecho de que haya diferentes culturas, sino porque existe una cuestión particular sobre la redistribución de los bienes entre las culturas, o los fondos de las culturas, o el surgimiento de minorías o inmigrantes en una situación de recursos -a dónde deben dirigirse estos- o la construcción de escuelas y la decisión sobre si la escuela será bilingüe, trilingüe o lo que deba ser. Es en este punto en el que se produce el problema de la diferencia cultural. De este modo, constituye verdaderamente un argumento contra la naturalización de la idea de cultura[25].

Tan importante como la política del reconocimiento puede ser a la hora de criticar las formas del privilegio racial o en su llamada a los educadores para que hagan de su autoridad algo problemático y democrático, ésta tiene poco que decir sobre aquello a lo que se opone o sobre qué proyecto político más amplio conforma su propio discurso de crítica[26]. Ante la visión de estos déficits, los críticos como Gayatri Chakravorty Spivak, Chandra Mohanty y Ella Shohat y Robert Stam han afirmado que los multiculturalistas académicos de la gestión de la diversidad no sólo han fallado al aproximar la diferencia a los elementos del poder, la paridad y la igualdad, sino también a la hora de desafiar las tendencias eurocéntricas que existen en sus conceptos de *historia, marginalidad, modernidad, género* y *transformación*[27].

---

23. Wendy Brown afirma que la identidad debe explorarse como una producción histórica, y que algunas formas de políticas de identidad a menudo colocan a los grupos subordinados dentro de una política de recriminación que reinscribe el discurso del dolor, la victimización y el sufrimiento como un sustituto (una incapacidad) de cualquier forma de acción y resistencia. Véase BROWN, W. (1996): «Injury, Identity, Politics», en GORDON, A.; NEWFIELD, Ch. (eds.): *Mapping Multiculturalism*. Minneapolis. University of Minnesota Press, pp. 149-165.
24. Véanse, por ejemplo, GILLESPIE, S.; SINGLETON, R. (eds.) (1992): *Across Cultures: A Reader for Writers*. 3.ª edición. Boston. Bedford.; COLOMBO, G.R.; LISLE, B (eds.) (1992): *ReReading America: Cultural Contexts for Critical thinking and Writing*. 2.ª edición. Boston. Bedford.
25. Cita de Homi Bhabha en OLSON, G.; WORSHAM, L. (1998): «Staging the Politics of Difference. *Journal of Composition Theory*, n. 18, pp. 371-372.
26. Un ejemplo de esta aproximación se encuentra en el trabajo de Elizabeth Ellsworth. Véase Ellsworth, E. (1997): «Double Binds of Whiteness», en FINE, M.; WEIS, L.; POWELL, L.C; WONG, L.M. (eds.): *Off White: Readings on Race, Power, and Society*. Nueva York. Routledge.
27. SPIVAK, G.Ch. (1993): *Outside in the Teaching Machine*. Nueva York. Routledge; ALEXANDER, M.J.; MOHANTY, Ch.T. (1997): *Feminist Genealogies, Colonial Legacies, Democratic Futures*. Nueva York. Routledge; SHOHAT, E.; STAM, R. (1994): *Unthinking Eurocentrism*. Nueva York. Routledge.

La teoría profesionalizada y la política de la textualidad

Los legados de la ideología empresarial y colonial se encuentran también en la obsesión del multiculturalismo crítico con el criticismo formalista occidental que, a menudo, deduce la teoría a partir de los problemas concretos y de la dinámica del poder. En este sentido, la teoría se reduce a un tipo de teorización en la que la elaboración del discurso teórico se convierte en un fin en sí mismo, en una expresión del lenguaje sin la posibilidad de desafiar las estrategias de dominación. En lugar de actuar como un trabajo puente entre los debates públicos e intelectuales, o de realizar un proyecto político de unión de las estrategias de comprensión y compromiso social, la teoría se convierte aun más difícilmente en un medio de mejora social que en un fin para el ascenso profesional. Limitada por las luchas concretas y por los debates públicos más amplios, la teoría adquiere una postura reaccionaria que da prioridad al dominio de la retórica, al juego y a la inteligencia frente a la tarea de responsabilidad política de desafiar la inercia de la comprensión del mundo mediante el sentido común, y, así, al surgimiento de la posibilidad de nuevas aproximaciones a la reforma social o al tratamiento de los problemas sociales más acuciantes que transforman el surgimiento de una democracia multicultural y transnacional[28].

Un tema que se halla en el centro del debate crítico con relación a la viabilidad política del multiculturalismo crítico pone su énfasis en la política de la representación y la textualidad. A pesar de que se reconoce ampliamente que el énfasis del multiculturalismo crítico en la textualidad ha sido de gran importancia a la hora de abrir los espacios institucionales que permiten a profesores y estudiantes poner en cuestión las diferentes lecturas de los textos culturales y afrontar críticamente el poder significativo de estos textos para crear y afirmar las identidades sociales individuales, a menudo, este trabajo ha derivado en prácticas políticas y pedagógicas reduccionistas. Fuera de los discursos públicos más amplios y analizado desde fuera de todo el grupo de formaciones culturales, los textos se convierten en marcadores cosificados de una versión limitada de la política de la identidad o de los recursos pedagógicos para descubrir las características de las identidades individuales.

Los multiculturalistas críticos, especialmente aquellos que viven dentro de los programas de teoría literaria, a menudo focalizan una excesiva atención en los textos, los signos y las áreas disciplinarias. Como respuesta a la textualización de la política dentro del ámbito académico, Herman Gray afirma lo siguiente:

Al dar prioridad a los textos culturales frente a la práctica por ser estos el territorio de lo social y lo político, se ignoran ampliamente los contextos históricos y sociales que conforman, sitúan y estructuran los textos y productos culturales[29].

---

28. Una excelente visión de este argumento se encuentra en BERGER, M. (1998): «Introduction», en BERGER, M. (ed.): *The Crisis of Criticism*. Nueva York. The New Press, pp. 1-14.
29. GRAY, H. (1996): «Is Cultural Studies Inflated?», en NELSON, C.; GOANKAR, D.P. (eds.): *Disciplinarity and Dissent in Cultural Studies*. Nueva York. Routledge, p. 211.

David Theo Goldberg apoya la crítica de Gray afirmando que la política cultural no sólo es un esquema significativo mediante el cual se elaboran las identidades, sino también una «movilización alrededor de los recursos materiales que tienen que ver con la educación, las condiciones de trabajo y el poder político»[30]. Estos dos teóricos llevan razón al suponer que la textualización del multiculturalismo, con su pretensión de ampliación de los planes de estudios, su promoción nada crítica de las múltiples lecturas y su uso de los textos para recuperar y afirmar las identidades marginadas, ofrece una versión muy limitada de la política cultural. La política de la textualidad no tiene prácticamente nada que decir sobre las fuerzas económicas y políticas de fondo que mantienen marginados a los diferentes grupos sociales o sobre cómo enfrentarnos a las maneras, muchas veces sutiles, en que las prácticas culturales utilizan el poder o son utilizadas en relaciones de poder materiales[31].

Entre las muchas aproximaciones liberales y críticas al multiculturalismo, la política del significado resulta importante sólo en la medida en que se mantiene fuera de una política de compromiso más amplia. La lectura de los textos se convierte en un proceso hermético una vez separada de contextos sociales y políticos más amplios y se encarga de las cuestiones del poder exclusivamente dentro de la política de la representación. Estas lecturas pretenden, en muchos casos, celebrar una textualidad que ha sido limitada a un formalismo sin vida y a una afirmación no amenazadora e incluso acomodaticia de la indeterminación como una estética transgresora. Aquí se pierde toda apariencia de proyecto político radical «basado en el estudio de las prácticas concretas culturales y [...] que comprende que las luchas por el significado son inevitablemente luchas por los recursos»[32]. Al no conseguir conectar el estudio de los textos, la política de la identidad y la política de la diferencia con los intereses de un proyecto que amplíe los objetivos del movimiento por los derechos civiles, las campañas por los derechos humanos y contra la tiranía internacional, las visiones feministas democráticas radicales y la oposición contra las políticas de inmigración y contrarias al estado del bienestar, muchos multiculturalistas académicos conciben la política como algo figurativo y abstrusamente teórico[33]. Un poco más adelante volveré a retomar esta crítica para ampliarla en más detalle.

---

30. GOLDBERG, D.Th. (1994): «Introduction-Multicultural Conditions», en GOLDBERG, D.Th. (ed.): *Multiculturalism: A Critical Reader*, Massachusetts. Basil Blackwell, p. 13-14.
31. Desde luego, hay excepciones a esta regla, pero son marginales con relación a los discursos multiculturalistas dentro de la universidad. Pueden verse, por ejemplo, muchos de los ensayos en MCCARTHY, C.; CRICHLOW, W. (eds.) (1993): *Race, Identity, and Representation in Education*. Nueva York. Routledge y en FLORES, W.V.; BENMAYOR, R. (1997): *Latino Cultural Citizenship*. Boston. Beacon Press; SAN JUAN, E.Jr. (1992): *Articulations of Power in Ethnic and Racial Studies in the United States*. Nueva Jersey. Humanities Press; MCLAREN, P. (1997): *Revolutionary Multiculturalism*. Boulder. Westview Press; ZIZEK, S. (1997): «Multiculturalism, or, the Cultural Logic of Multinational Capitalism». *The New Left Review*, n. 225 (septiembre/octubre de 1997), pp. 28-51.
32. LIPSITZ, G. (1990): «Listening to Learn and Learning to Listen: Popular Culture, Cultural Theory, and American Studies». *American Quarterly*, n. 42, (diciembre de 1990), p. 621.
33. Larry Grossberg afirma que el libro Orientalism de Edward Said constituye un ejemplo clásico de un texto que se centra en cuestiones de diferencia casi exclusivamente en términos de identidad y subjetividad al tiempo que ignora los temas relacionados del materialismo y el poder. Véase GROSSBERG, L. (1996): «Identity and Cultural Studies. Is That All There Is?», en HALL, S.; DU GAY, P. (ed.): *Questions of Cultural Identity*. Thousand Oaks. Sage, pp. 87-107.

Los ataques conservadores al multiculturalismo

Otro nivel diferente de análisis crítico del multiculturalismo y de la política cultural ha surgido de las filas de los conservadores, quienes argumentan que el racismo ya no elimina la capacidad de los grupos marginales para salir adelante y que los intereses de identidad por la raza, el género y la orientación sexual sólo representan a grupos con intereses especiales cuyo propósito principal es acabar con las tradiciones de la cultura occidental y los principios básicos de calidad que conforman la vida universitaria. El ataque conservador ya es suficientemente conocido como para repetirlo aquí con todo detalle, pero incluye una serie de posiciones que van desde los argumentos asimilacionistas liberales de Arthur Schlesinger Jr. a los argumentos conservadores de centro de autores como Shelby Steele y Stephan y Abigail Thernstron y al extremismo ideológico de Richard J. Herrnstein y Charles Murray, Denish D'Souza y Robert Bork[34].

No obstante, a pesar de sus diferencias, todos estos autores argumentan que el racismo ya no existe como un problema fundamental de la sociedad norteamericana, y que «ahora los negros cuentan con una ventaja injusta en casi todo: trabajos, educación, vivienda e ingresos»[35]. En su versión más mezquina, este argumento se utiliza a menudo para legitimar la idea más popular de que los negros marginados y los pobres son los responsables de su propio sufrimiento y difícil situación. En este argumento retorcido ya no es el racismo lo que supone un problema, sino aquellos quienes sufren sus consecuencias[36].

El resurgimiento de estos argumentos y ataques racistas más graves se han extendido y se han convertido en algo urgente desde las eras de Reagan y Bush en la década de los años ochenta. Esto se debe, en parte, a una creciente campaña organizada contra la igualdad y la justicia racial, alentada por instituciones de derechas como la John M. Olin Foundation, el Manhattan Institute y la Smith Richardson Foundation. Todos los autores con éxito de ventas mencionados anteriormente han sido financiados de un modo u otro por fundaciones y gabinetes de derechas, y todos ellos tienen la profunda creencia de que los inmigrantes, el multiculturalismo de la educación, la acción afirmativa, la legislación de los derechos civiles y la clase negra marginada constituyen una amenaza creciente para la identidad nacional, la unidad, y para lo que significa ser estadounidense.

---

34. SCHLESINGER, A.Jr. (1992): *The Disuniting of America*. Tennessee. Whittle District Books; HERRNSTEIN, R.J.; MURRAY, Ch. (1994): *The Bell Curve: Intelligence and Class Structure in American Life*. Nueva York. The Free Press; D'SOUZA, D. (1995): *The End of Racism*. Nueva York. The Free Press; BORK, R. (1996): *Slouching Toward Gomorrah: Modern Liberalism and American Decline*. Nueva York. Regan Books; STEELE, Sh. (1998): *A Dram Deferred: The Second Betrayal of Black Freedom in America*. Nueva York. Harper Collins; THERNSTROM, S.; THERNSTROM, A. (1997): *America in Black and White: One Nation, Indivisible*. Nueva York. Simon and Schuster.
35. GEIGER, J.H. (1998): «The Real World of Race». *The Nation* (1 de diciembre de 1998), p. 27.
36. Para un tratamiento en profundidad del modo en que la raza influye sobre las actitudes entre los blancos y los negros, véase SHIPLER, D.K. (1998): *A Country of Strangers: Blacks and Whites in America*. Nueva York. Vintage.

Stanley Fish afirma que, a pesar de sus diferencias, todos los críticos conservadores comparten elementos de *monoculturalismo demagógico* y también:
> *Generalmente cuentan la misma historia sobre la formación de la personalidad norteamericana, la necesidad de preservarla y la amenaza a la que ésta se enfrenta debido al crecimiento étnico: una historia que continúa en todos los sentidos, desde las palabras y las expresiones a los grandes argumentos, una tradición de patriotería, racismo e imperialismo cultural*[37].

Mientras los conservadores responden al multiculturalismo como una manera de privilegiar la historia estadounidense como un ámbito público habitado mayoritariamente por blancos y reproducen en todos los niveles educativos el legado y el discurso racial del colonialismo angloeuropeo, no limitan su lucha a los textos y los significados. De hecho, se han valido del enorme poder de su capital, tanto material como simbólico, para modelar la política educativa que tiene que ver con cuestiones de acceso, producción de conocimiento, permanencia, ascensos y obtención de plazas de titularidad. Además, los conservadores no han limitado su lucha de la política cultural a los centros de enseñanza, sino que han desarrollado alianzas entre el cuerpo docente conservador y los legisladores, los comités asesores destacados y otras fuentes conservadoras de financiación. Al hacerlo, han ejercido una importante influencia sobre las instituciones privadas y gubernamentales que elaboran la legislación, influyen sobre los medios de comunicación y distribuyen los recursos, en especial como parte de un intento más amplio de acabar con «los beneficios del estado del bienestar [...] como el guardián del interés público»[38].

Los conservadores han dejado claro a través de su discurso y sus acciones que la política cultural no se limita a la política de las representaciones, y que tales luchas no se limitan al área limitada de la enseñanza superior.

La conexión entre la cultura y la política

A la vista de la ofensiva conservadora contra la educación multicultural, los inmigrantes, la legislación por los derechos civiles y el estado del bienestar, un número de teóricos críticos han llevado a cabo una fuerte defensa del replanteamiento de las posibilidades políticas y pedagógicas del multiculturalismo radical dentro de la enseñanza superior[39]. De hecho, muchos de estos teóricos comparten la concepción

---

37. FISH, S. (1992): «Bad Company». *Transition*, n. 56 (invierno de 1992), p. 64.
38. BOURDIEU, P. (1998): *Acts of Resistance: Against the Tyranny of the Market.* Nueva York. The New Press, pp. 2-3.
39. Véanse, por ejemplo, MCLAREN, P. (1997): *Revolutionary Multiculturalism. Boulder.* Westview Press; GOLDBERG, D.Th. (ed.) (1994): *op. cit.*; GORDON, A.; NEWFIELD, Ch. (eds.) (1996): *op. cit.*; LOWE, L. (1996): *Immigrant Acts: On Asian American Cultural Studies.* Durham. Duke University Press; LUBIANO, W. (ed.) (1997): *The House That Race Built.* Nueva York. Pantheon; GUIBERNAU, M.; REX, J. (eds.) (1997): *The Ethnicity Reader.* Nueva York. Polity; BENNET, D. (ed.) (1998): *op. cit.;* TORRES, R.D.; MIRON, L.F.; INDA, J.X. (eds.) (1999): *Race, Identity, and Citizenship: A Reader.* Massachusetts. Basil Blackwell.

de Wahneema Lubiano de que la enseñanza superior no debe abandonarse como un lugar de lucha política y cultural[40].

Lubiano y los demás tienen razón al sugerir que los progresistas debieran resistirse a sucumbir ante los imperativos de la profesionalidad o a retirarse por la presión de los grupos de patrulla fronteriza, como la National Association of Scholars, que, como rutina, controlan el canon occidental frente a las impurezas raciales y las interferencias entre disciplinas. Por el contrario, estos progresistas deberían considerar nuevas estrategias colectivas para organizar a los intelectuales comprometidos dentro y fuera de la universidad a la hora de desafiar el intento del estado tanto de apropiarse del multiculturalismo como una estrategia corporativa y una serie de eslóganes vacíos, como de limitar los recursos intelectuales y materiales disponibles para los grupos marginados. Al mismo tiempo, estos intelectuales pueden jugar un importante papel, no sólo al desafiar los usos de la cultura sancionados por el estado para reproducir y regular las desigualdades y jerarquías raciales, de clase y de género, sino también a la hora de elaborar nuevos espacios en los que estudiantes y profesores puedan rediseñar el sentido de sí mismos y su relación para con los demás dentro de un orden social democrático más radical en el que las injusticias raciales pierdan su fuerza decisiva como «categoría fundamental para la distribución del poder, los recursos materiales y los privilegios»[41].

Pero si la universidad tiene que asumir un papel central a la hora de responder contra la injusticia social, las jerarquías de clase y la política de segregación, los profesores progresistas tendrán que desafiar todas las versiones del textualismo multiculturalista postestructuralista y postmoderno que reducen la cultura a la lógica de la significación. Tal y como apunta Larry Grossberg, la cultura no se debe equiparar con el dominio del significado y la representación, sino considerarse como «una forma de práctica discursiva a la vez que un análisis de las condiciones institucionales»[42]. Igualmente importante para un trabajo académico viable resulta reconocer que la lucha por la cultura no constituye un sustituto de una forma real o concreta de política, sino un importante «lugar para la producción y la lucha por el poder –donde el poder no se considera necesariamente una forma de dominación»[43], sino una fuerza productiva y mediadora para la elaboración y reestructuración de diferentes contextos sociales, políticos y económicos relacionados que dan lugar a la vida de todos los días.

A medida que cada vez más la ciudadanía se privatiza y los estudiantes son educados como sujetos consumidores y no sujetos críticos, se hace cada vez más acuciante para los profesores replantearse cómo funciona la fuerza educativa de la cultura para resistir y asegurar los valores e identidades individuales. Esto resulta de especial importancia a medida que la fuerza de la cultura dominante se define a través de su

---

40. LUBIANO, W. (1996): «Like Being Mugged by a Metaphor: Multiculturalism and State Narratives», en GORDON, A.; NEWFIELD, Ch. (eds.): *op. cit*, pp. 64-75.
41. MARABLE, M. (1998): «Beyond Color-Blindness». *The Nation* (14 de diciembre de 1998), p. 31.
42. GROSSBERG, L. (1997): «Cultural Studies: What's in a Name», en *Bringing It All Back Home. Essays on Cultural Studies*. Durham. Duke University Press, p. 268.
43. GROSSBERG, L. (1997): «Cultural Studies: What's in a Name», *op. cit.*, p. 268.

sumisión a los valores de la economía y su prioridad en la privatización y la doctrina de la autoayuda, algo que se realiza para eliminar las ideas del bien público y la responsabilidad colectiva, y que echa todas las culpas de la injusticia y la opresión precisamente a aquellos que son las víctimas de la desgracia social. Contrariamente a otros críticos como Harold Bloom, Alan Sokal y Todd Gitlin, los educadores progresistas pueden apuntar en primer plano la importancia del trabajo crítico en la enseñanza superior como parte de un proyecto radical más amplio para recuperar y replantear las maneras en que la cultura se relaciona con el poder y de cómo y cuándo esta actúa de manera simbólica e institucional como una fuerza educativa, política y económica que rechaza vivir en la diferencia.

Dado que cada vez más y más jóvenes se enfrentan a un mundo de mayor pobreza, desempleo y reducidas oportunidades sociales, los que nos encontramos en el mundo educativo debemos luchar para reivindicar la importante conexión que existe entre la cultura y la política a la hora de defender la educación superior como un área pública y democrática fundamental encargada de proporcionar a los estudiantes el conocimiento, las aptitudes y los valores que necesitarán para enfrentarse a algunas de las cuestiones más acuciantes de nuestro tiempo. No obstante, si el acercamiento al multiculturalismo como una forma de política cultural dentro de la universidad se tiene que convertir en una práctica pedagógica significativa, los profesores tienen que reconsiderar la relación entre la cultura y el poder como punto de partida para llamar la atención sobre los dilemas éticos y políticos que relacionan a la universidad con las otras áreas del resto del paisaje social. Para hacerlo, los educadores progresistas tienen que prestar más atención a cómo la política cultural se desarrolla en los espacios urbanos y esferas públicas que actualmente reciben toda la fuerza del ataque de la derecha en los terrenos de la cultura y la diferencia racial. Ya no les es posible a los profesores realizar un llamamiento a una política radical del multiculturalismo definiéndolo simplemente como un conjunto de opciones intelectuales e imperativos del plan de estudios. El multiculturalismo académico debe también examinar las luchas que tienen lugar en estos momentos en nombre de la diferencia cultural entre las áreas institucionales y las formaciones culturales que soportan el embate de los mecanismos de poder dominantes diseñados para excluir, contener o perjudicar a los oprimidos. Las áreas institucionales y culturales que soportan el embate de la radicalización del orden social se encuentran mayoritariamente en las escuelas públicas, en el sistema de justicia penal, en las políticas retrógradas antiinmigrantes y en los continuos intentos del estado por obligar a los receptores de ayudas sociales a integrarse en programas de creación de empleo[44].

No estoy sugiriendo que redefinamos el multiculturalismo alejándonos de cuestiones de representación, ni que saquemos fuera de la universidad nuestros intereses pedagógicos en interés de la política democrática de la diferencia. Al contrario, como educadores progresistas necesitamos revitalizar nuestros esfuerzos dentro de la universidad, conjugando el trabajo intelectual que aquí realizamos con una mayor atención a los problemas públicos acuciantes y a las responsabilidades sociales.

---

44. MARABLE, M. (1998): «Beyond Color-Blindness». *The Nation* (14 de diciembre de 1998), p. 31.

Una aproximación radical al multiculturalismo debe tratar cómo las relaciones materiales del poder trabajan para preservar estructuras de desigualdad y explotación en la realización actual del orden social. Debe realizar preguntas específicas sobre las formas que la dominación racial y la subordinación adquieren dentro de la cultura pública más amplia, y sobre cómo su organización, funcionamiento y efectos están implicados y afectan el significado y el propósito de la enseñanza superior. Aquí está en juego la necesidad de educadores críticos para que den sentido a la creencia de que el trabajo académico es importante en su relación con otras políticas y ejercicios públicos más amplios, y que este trabajo comporta la posibilidad de entender, no sólo cómo el poder actúa en los contextos individuales, sino también cómo este conocimiento «podrá permitir que las personas cambien el contexto y, por consiguiente, las relaciones de poder»[45] que conforman las desigualdades y acaban con cualquier concepto viable de *multiculturalismo* dentro de las diferentes áreas como algo crucial para la democracia, las escuelas públicas y la enseñanza superior.

En resumen, quiero insistir en que el multiculturalismo no es simplemente un problema educativo. En el fondo trata de la relación entre la política y el poder, entre un pasado histórico y un momento presente en el que la segregación racial aparece «calculada, extremadamente racional y provechosa»[46]. Arraigada en una historia sistémica de restricción, y subyugación negra y de privilegio blanco, la política del multiculturalismo, tal y como afirma la juez del Tribunal Supremo, Ruth Bader Ginsburg, es aún «evidente en nuestros lugares de trabajo, mercados y barrios»[47]. David Shipler sostiene de manera convincente que la raza y la clase son los dos determinantes más poderosos que dan forma a la sociedad americana. Tras entrevistar a cientos de personas durante más de cinco años, el libro de Shipler, *A Country of Strangers*, aporta pruebas del racismo que:

> Es un poco más sutil en la expresión, más inteligentemente codificado en público, pero que esencialmente no ha dejado de ser una de las corrientes más arraigadas en la vida diaria, tanto en las relaciones más simples, como en las más complejas entre negros y blancos[48].

Aunque no caben apenas dudas de que se ha avanzado en materia de progreso racial en muchas áreas durante los últimos cincuenta años[49], también es verdad que este progreso no ha sido sostenido. Esto resulta especialmente evidente en el au-

---

45. GROSSBERG, L. (1997): «Cultural Studies: What's in a Name». *Bringing It All Back Home. Essays on Cultural Studies*. Durham. Duke University Press, pp. 252-253.
46. GOLDBERG, D.Th. (1993): *Racist Culture*. Massachusetts. Basil Blackwell, p. 105.
47. Cita de Ginsburg en el editorial «Race on Screen and Off». *The Nation* (29 de diciembre de 1997), p. 6.
48. Resumen de Shipler en GEIGER, J.H. (1998): «The Real World of Race». *The Nation* (1 de diciembre de 1998), p. 27. Véanse también SHIPLER, D. (1998): «Reflections on Race». *Tikkun*, n. 13, pp. 59-78; SHIPLER, D. (1998): *A Country of Strangers: Blacks and Whites in America*. Nueva York. Vintage.
49. Ellen Willis afirma que los dos mayores cambios en la jerarquía racial norteamericana han sido la destrucción del sistema de castas sureño y la subversión de la blancura como una norma incuestionable. También afirma correctamente que rechazar estos logros por haber influido éstos poco en el cambio de las relaciones de poder racistas constituye un insulto para las personas que tomaron parte en estas luchas. Véase WILLIS, E. (1998): «The Up and Up: On the Limits of Optimism. *Transition*, n. 7, pp. 44-61.

mento dramático de los reclusos negros y en el crecimiento de los complejos de la industria penitenciaria, las pésimas infraestructuras urbanas, la vivienda segregada, el desempleo creciente de los jóvenes negros e hispanos, junto con las realidades de escuelas deficientes, en un plano general, y las profundas desigualdades de ingresos y sanitarias entre negros y blancos[50]. En contra de la reforma de los derechos civiles y la justicia racial existen posiciones reaccionarias y moderadas que van desde el extremismo de derechas de los cabezas rapadas y los conservadores del estilo de Jesse Helm, hasta posiciones moderadas, ideológicamente daltónicas de liberales como Randall Kennedy[51].

Para el resurgimiento de este nuevo racismo resulta crucial una política cultural que juegue un papel determinante en el modo en que la raza modela nuestro inconsciente popular. Esto queda patente en los artículos, revistas y comentarios generalizados en los medios de comunicación, que otorgan una cantidad desmesurada de espacio y de tiempo a egregios autores, directores de cine y críticos que claman contra la acción afirmativas, las madres negras perceptoras de ayudas sociales y la amenaza que supuestamente representan para la existencia de la clase media los jóvenes negros y los cantantes de rap. En lugar de desechar este conservadurismo desenfrenado como algo indiferente a la realidad del racismo, o de deconstruir sus códigos racistas para ver que este lenguaje cae por su propio peso, los educadores deberían enfrentarse a estos comentarios de una manera más constructiva, analizando su papel como discursos públicos y viendo cómo sus significados privilegiados actúan de un modo intertextual para evocar ideologías elaboradas en otros lugares, y cómo éstos consiguen ampliamente construir y legitimar relaciones sociales, políticas y prácticas de segregación racial. Crucial para este proyecto es la necesidad de elaborar una política multicultural que ofrezca a profesores y estudiantes oportunidades para entender de una manera crítica cómo ciertos significados raciales de los textos culturales adquieren un cariz de sentido común a la vista de cómo se articulan los discursos raciales en otras áreas públicas y lugares institucionalizados.

Para profundizar en la política cultural del multiculturalismo, los educadores pueden tratar asuntos de cultura, poder, identidad y representación como parte de un discurso más amplio sobre la pedagogía pública y la política social. En esta aproximación pedagógica, el poder se convierte en un asunto central para el estudio de las prácticas y los textos culturales, y los problemas sociales de relieve pueden examinarse mediante compromisos con otros ámbitos institucionales más amplios y lugares públicos en los que los discursos multiculturalistas adquieren su fuerza política y económica. Si el objetivo central de la enseñanza multicultural es enseñar a los estudiantes a poner en cuestión, desafiar y transformar esas prácticas sustentadoras del racismo, esta pedagogía debe ser tratada de manera que cree una conexión entre

---

50. Para ver las cifras que sugieren la continuada presencia del racismo en la sociedad norteamericana, véanse WALTERS, R. (1996): «The Criticality of Racism». *Black Scholar*, n. 26, pp. 2-8; (1998): «A Report from the Children's Defense Fund, Yearbook 1998». *The State of America's Children*. Boston. Beacon Press.
51. Para leer una crítica devastadora sobre el giro a la derecha de Randall Kennedy, véase BELL, D. (1998): «The Strange Career of Randall Kennedy». *New Politics*, n. 7 (verano de 1998), pp. 55-69.

los textos culturales y los problemas sociales más importantes de la vida pública. Los textos a este nivel serían analizados como parte de un «vocabulario social de la cultura» que muestra cómo el poder identifica, modela, define y obliga las relaciones entre el yo y el otro, elabora y difunde lo que debe constituir el conocimiento, y crea representaciones que proporcionan el contexto para la formación de la identidad[52]. Dentro de este tipo de aproximación pedagógica, el multiculturalismo debe encontrar las vías para reconocer el carácter político de la cultura a través de estrategias de entendimiento y compromiso que unan la retórica radical democrática y antirracista con estrategias que transformen las estructuras institucionales racistas dentro y fuera de la universidad.

En su mejor exponente, el multiculturalismo crítico debería fraguar una conexión entre la lectura de textos y la lectura de discursos públicos para así aunar la lucha para la inclusión con las relaciones de poder en la sociedad en general. Es precisamente dentro del reino de la política cultural donde los profesores y los estudiantes desarrollan prácticas pedagógicas y salvan las distancias entre el debate intelectual y la vida pública, no sólo como una cuestión de importancia, sino como un proceso a través del cual los estudiantes pueden adquirir las aptitudes y el conocimiento para desarrollar una opinión informada, realizar elecciones críticas y trabajar como activistas ciudadanos. Robin D. G. sugiere una dirección que podría tomar un proyecto de estas características. Afirma perspicaz:

> *[El multiculturalismo no debe ignorar] cómo la segregación despoja de recursos a las diferentes comunidades y produce la desigualdad. La disminución de trabajos con una remuneración decente y de servicios urbanos, la erosión del espacio público, el deterioro del parque inmobiliario y de los valores de propiedad, y las fuertes desigualdades en educación y asistencia sanitaria son manifestaciones de estrategias de inversión bajo una segregación de facto [...] [Los progresistas deben encargarse] del desmantelamiento del racismo, de devolver el poder a la población oprimida y de superar la disyuntiva blanco-negro que hace invisibles las luchas de los hispanos, los asiático-norteamericanos, los nativos americanos y los demás supervivientes de la segregación racial y de la explotación*[53].

Inherente a la llamada a la acción de Kelley subyace el reconocimiento de que cualquier política de la representación y pedagogía viables necesitan enfrentarse a las realidades de los procesos históricos, la actualidad del poder económico, y las instituciones y espacios públicos que constituyen el campo de batalla de la lucha y la diferencia racial. Ello sugiere el desarrollo de un vocabulario crítico para la lectura de los textos, no sólo en relación con otros tipos de discurso, «sino también en relación con las prácticas no discursivas y las instituciones sociales contemporáneas»[54]. En esta

---

52. AZOULAY, K.G. (1997): «Experience, Empathy and Strategic Essentialism». *Cultural Studies*, n. 11, p. 91.
53. KELLEY, R.D.G.: «Integration: What's Left». *The Nation* (14 de diciembre de 1998), p. 18.
54. Cita de JOHNSON, R. (1993): «Editor's Introduction: Pierre Bourdieu onto make learning part of the process of social change itself. Art, Literature and Culture», en BOURDIEU, P.: *The Field of Cultural Production*. Nueva York. Columbia University Press, p. 19.

aproximación, los textos culturales no pueden aislarse de las condiciones sociales y políticas en que se elaboran; y la explicación final de estos textos tampoco puede encontrarse en el texto mismo. Al contrario, estos textos adquieren su significado cuando se examinan con relación a otras prácticas discursivas y en términos del «campo social objetivo del que [ellos] derivan»[55]. Pedagógicamente, esto sugiere tratar cómo los textos culturales se construyen a sí mismos en clase como respuesta a disposiciones institucionales más amplias, contextos de poder, y relaciones sociales que se mantienen y legitiman por parte de ambos.

A continuación demostraré la importancia teórica de desarrollar una práctica pedagógica multicultural en la que los temas de representación y transformación social se mantienen informados mutuamente. Al hacerlo me voy a centrar en un éxito de taquilla de Hollywood, la película *187*, para demostrar cómo la pedagogía puede utilizarse como un proyecto público diseñado para integrar las representaciones de la diferencia racial y cultural con relaciones materiales de poder que fomentan la dinámica de políticas y prácticas segregacionistas en lugares que, a menudo, parecen quedar demasiado lejos de la seguridad privilegiada de la universidad como para que sean incluidos en el discurso del multiculturalismo crítico.

El código racial en el discurso de Hollywood

Durante los últimos cinco años, varias películas de Hollywood, como *Mentes Peligrosas* (1995), *El Sustituto* (1996) y *Aprende como puedas* (1996), se han aprovechado del conocimiento popular del código racial que afirma que las escuelas públicas están fuera de control y habitadas por jóvenes analfabetos, desmotivados y violentos que están marginados racial y económicamente. Este guión cada vez más familiar sugiere que existe una correlación entre el espacio urbano público y el consumo de drogas desenfrenado, los asaltos diarios, los profesores defraudados y las escuelas que no sirven para nada más que para contener a individuos desviados y que constituyen una amenaza para ellos mismos y el resto del mundo.

187 es otra aportación reciente a este género que, no obstante, lleva la patologización de los pobres y los estudiantes de color urbanos hasta extremos que van más allá de las convenciones cinematográficas existentes, hasta el punto que se destaca como un testimonio social de formaciones culturales y sociales más amplias dentro de la sociedad estadounidense que hacen posible la existencia de esta película descaradamente racista.

Dirigida por Kevin Reynolds y escrita por Scott Yagemann, un antiguo profesor de escuela, *187* cuenta la historia de Trevor Garfield (Samuel L. Jackson), un profesor de ciencias que va en bicicleta a dar sus clases en el instituto Bedford-Stuyvesant. A Garfield se le describe como un profesor idealista que, con todo en contra, trata de

---

55. JOHNSON, R. (1993): «Editor's Introduction: Pierre Bourdieu onto make learning part of the process of social change itself. Art, Literature and Culture», en BOURDIEU, P.: *The Field of Cultural Production*. Nueva York. Columbia University Press, p. 17.

que sus clases sean interesantes y de hacer todo lo posible para luchar contra la ignorancia, el caos y la indiferencia que caracterizan a la escuela pública urbana en la imaginación de Hollywood. Pero la película rápidamente deja de ser un llamamiento a la reforma educativa y la defensa de aquellos profesores que acometen una tarea sisífea/ingente al tratar de mejorar la vida de la juventud urbana para degenerar en un razonamiento lógico del porqué del abandono de las escuelas públicas y de los estudiantes negros y no blancos en general que pueblan sus clases y pasillos.

En las primeras escenas de la película, los estudiantes pasan por los detectores de metales bajo los atentos ojos de los guardias de seguridad –elemento que se ha vuelto extremadamente familiar en el contexto de los institutos urbanos–. Los estudiantes de *187* están muy lejos de las aulas impecables y altamente tecnificadas de los suburbios blancos. Muy al contrario, el instituto parece más bien una prisión, y los estudiantes, con su música rap de fondo, se asemejan más a reclusos a los que se les conduce a sus celdas. La amenaza de la violencia se puede palpar, y Garfield se enfrenta con ella en el mismo momento en que entra en su clase y coge el libro de texto que tiene el número 187 garabateado en sus tapas. Como Garfield sabe que este número responde al código policial de un homicidio, va a ver al director para informarle de que ha sufrido una amenaza de muerte. Sin embargo, el director le dice a Garfield que está exagerando y lo despide con una frase lapidaria: «¿Sabe usted cuál es su problema? Por un lado, cree que alguien quiere matarle, y, por otro, cree que los alumnos le prestan atención en clase».

Garfield aún no ha abandonado la oficina del director cuando éste confirma sus más profundos temores al revelarle que ha dicho a uno de los alumnos de Garfield que ha suspendido el curso. De este modo, el director no sólo ha violado la privacidad de Garfield, sino que, además, el estudiante que ha suspendido está en libertad condicional y, como resultado del suspenso, tendrá que volver a la cárcel. La amenaza de la violencia y de la ineptitud administrativa son el telón de fondo de una serie de peligrosos enfrentamientos entre Garfield y el sistema educativo público. Garfield abandona la oficina del director horrorizado y vuelve a su clase. Todos los chicos negros que ve ahora le parecen amenazadores y dispuestos para el ataque. Rodada en un movimiento lento, la escena resulta realmente inquietante. Antes de llegar a su clase, Garfield es brutal y repetidamente apuñalado por el chico negro al que ha suspendido.

Quince meses después, Garfield se ha trasladado y encuentra un trabajo como profesor sustituto en el instituto John Quincy Adams de Los Angeles. Los estudiantes de esta escuela son principalmente de origen latinoamericano que visten pantalones de talla extragrande y camisetas rotas, llevan radiocasetes con música rap a todo trapo, y parecen tan amenazadores como los estudiantes afroamericanos que le habían tocado en Brooklyn. A medida que la cámara recorre sus cuerpos y expresiones, queda claro que aquello que une a todos estos estudiantes de color de los barrios deprimidos urbanos es una cultura peligrosa, conflictiva y violenta. A Garfield se le asigna un bungalow en su primer día de clase, que resulta ser una pesadilla a medida que los estudiantes se burlan de él, le arrojan trozos de papel y le llaman «puta». Resulta que Garfield se ha trasladado de Nueva York a California para encontrarse en un instituto público que tiene toda la apariencia de ser un infierno: imágenes de fuego subiendo por el pavimento, música rap vibrante, graffiti y sombras enormes de miembros de bandas jugando al fútbol se cuelan por la ventana de la clase en una imagen que presagia por lo que va a tener que pasar Garfield.

Pero Garfield tiene que enfrentarse a algo más que a estudiantes peligrosos. Su nuevo director se jacta de no haber sido nunca profesor, se refiere a los alumnos como a los clientes, y deja claro que su principal preocupación es evitar juicios potenciales. El mensaje de Hollywood es claro: las escuelas públicas están llenas de administradores que prefieren ofrecer un discurso liberal sobre los derechos civiles de los estudiantes –que, por supuesto, no merecen ninguno– que de asegurar el bienestar de los profesores que se tienen que enfrentar a la violencia diaria.

Los colegas de profesión de Garfield no son mejores. El primer profesor con quien se encuentra, Dave Childress (John Heard), es un alcohólico agotado que guarda una Magnum 357 en el cajón de su mesa, odia verdaderamente a sus estudiantes y, como se descubre posteriormente, ha mantenido relaciones sexuales con una estudiante hispana muy joven y emocionalmente inestable. A la espera de su sueldo, Childress representa la imagen de lo que las escuelas hacen de los profesores. Privado de su pasión, Childress considera a todo chico como una amenaza social o un gamberro machito a la espera de matar o morir. Garfield inicia una amistad y un romance con Ellen Henry (Kelly Rowan), una profesora de informática rubia y alegre, pero ésta pronto se vuelve amarga a medida que el entorno peligroso e inhóspito en el que se encuentran lleva a Garfield hasta el límite. Ellen trata de acercarse a Garfield, pero él se encuentra demasiado herido y aislado y le dice a Ellen que cuando fue asaltado en Nueva York, perdió: «la pasión, la chispa y mi yo despreocupado; y los echo de menos».

La caída de Garfield en la locura comienza cuando unos alumnos suyos miembros de una banda destrozan completamente su bungalow. A partir de ahí Garfield se vuelve tenso y vive con la sombra de un miedo acrecentado por el pasado sobre su ser. Ellen le explica entonces que Benny, un alumno suyo miembro de una banda especialmente salvaje, ha intentado agredirla y que no sabe qué hacer. Poco después, Benny desaparece, pero no sus problemas, porque César, el compañero de Benny, y sus amigos matan a su perro. Como resultado, César pasa a ser vigilado por la justicia. A César le atacan y le disparan una flecha mientras vaga borracho cerca de la autopista de Los Angeles y, mientras está inconsciente, le cortan un dedo. La tensión se eleva cuando Ellen encuentra cuentas del rosario de Benny en el apartamento de Garfield, y le muestra a éste la evidencia de que él mismo podría ser el asesino. Garfield no cede ante el reproche de Ellen y contesta que alguien tiene que hacerse cargo de la responsabilidad, ya que el sistema no nos les protege de ellos. Ellen le dice que ya no le conoce a lo que él responde: «soy un profesor, como tú».

A medida que corre la voz de que Garfield puede ser el agresor y asesino vigilante, el director actúa rápidamente para proteger a la escuela de un juicio, y lo despide. Garfield, completamente deshecho, vuelve a casa, donde recibe la visita de César y su banda, quienes, inspirados por la película *El Cazador*, obligan a Garfield a jugar a la ruleta rusa. Teniendo ya poco que perder, Garfield acusa a César de no ser un hombre de verdad y aumenta las apuestas del juego jugando en el turno de César. Aprieta el gatillo y se mata. César, puesta en dicho su virilidad, decide jugar su turno, se pone la pistola en la cabeza y se mata también. En la última escena de la película, un estudiante lee un discurso de graduación sobre el casi nulo respeto que reciben los profesores; el plano cambia hacia Ellen, que está en su clase. Ellen quita su título enmarcado de profesora de la pared, lo tira a la papelera y sale de la escuela.

Accediendo a una pedagogía del objeto cultural

Pedagógicamente, se pueden someter a estudio películas como *187* analizando, tanto las suposiciones de sentido común que dan lugar a estas películas, como las ausencias y exclusiones que limitan el ámbito de significados e información disponibles para el público. El hecho de analizar estas películas como discursos públicos proporciona unas estrategias pedagógicas para captar esquemas institucionales complejos que dan lugar a las condiciones para la construcción, la legitimación y el significado de estos textos culturales. Como discursos públicos, estos textos culturales pueden tratarse desde el punto de vista de cómo se constituyen como objetos que obtienen su importancia a través de su relación con otros recursos, instituciones sociales y prácticas no discursivas. A este nivel, *187* podría considerarse como una práctica discursiva cuyos efectos deben considerarse con relación a las luchas por cuestiones raciales en contextos relacionados donde las luchas por el significado y la representación están en relación con las luchas de poder, la acción social y los recursos materiales. A continuación se tratan en mayor profundidad algunos de estos temas.

187 proporciona amplias representaciones de los estudiantes no blancos como el *otro* patológico, y de las escuelas públicas como algo, no sólo disfuncional, sino también como una amenaza inminente para la sociedad dominante. En la película, representados como una subclase criminalizada, los chicos negros y no blancos en general son considerados peligrosos, y las escuelas públicas se ven como centros de recogida de estos estudiantes, a los que refrenan mediante un torpe uso sistemas de seguimiento de alta tecnología y de una autoridad al estilo militar. Reforzando estos estereotipos se encuentra una narrativa cinematográfica descontextualizada y despolitizada que elimina las condiciones que producen estas imágenes denigrantes de las escuelas públicas del centro de la ciudad –la pobreza, el caos familiar, los barrios altamente segregados, el desempleo, los edificios escolares en ruinas, la falta de recursos materiales y las desigualdades entre los sistemas de impuestos nacionales y locales. A este respecto, *187* representa algo más que un texto que dibuja una imagen especialmente ofensiva de las escuelas urbanas y de los estudiantes de las minorías. Participa también de una pedagogía pública que permite, legitima y refuerza las prácticas discursivas cuyo objeto es condenar a los hijos e hijas de los pobres urbanos a unas escuelas públicas objeto cada vez más de vigilancia electrónica, fuerzas de seguridad privadas, cerraduras y alarmas más propias de cárceles o zonas de guerra[56].

---

56. Este tema está extraído de DEVINE, J. (1996): *Maximum Security: The Culture of Violence in Inner-City Schools*. Chicago. University of Chicago Press. Desafortunadamente, el remedio de Devine a la militarización del espacio educativo se basa en echarles la culpa a los estudiantes de no ser suficientemente civi-

Claramente, si hay que cuestionar los códigos dominantes del trabajo en una película como ésta, es primordial que los estudiantes vean cómo los déficits en una película como ésta la enmarcan dentro de los discursos imperantes sobre la educación pública, el multiculturalismo y el ataque continuo a las minorías de clase y color dentro y fuera de la enseñanza pública. Hacer notar estos déficits es crucial para entender una película de este tipo –la negativa a presentar la necesidad de clases menos saturadas, profesores motivadores, administradores visionarios y amplios recursos pedagógicos–, pero estas ausencias resultan significativas si se examinan en el contexto más amplio de la lucha por temas como la identidad racial, el poder, la representación y la vida diaria.

Películas como *187* transportan la lógica del estereotipo racial hasta un nuevo nivel y constituyen uno de los ejemplos más prominentes de cómo los textos culturales populares pueden ser utilizados para satanizar a la juventud negra e hispana al tiempo que recrean un consenso de sentido común que legitima las políticas racistas de contención o de abandono para los centros urbanos. Pero estos ejemplos de código racial no pueden estar únicamente dentro de los límites de un texto a la hora de ser entendidos como parte de un paisaje más amplio de injusticia social. Las caracterizaciones de la juventud urbana como peligrosa, patológica y violenta han de ser ubicadas en función de dónde residen en última instancia las diferentes posibilidades de los usos y los efectos de tales representaciones en el contexto de la vida diaria, que es la vanguardia de las luchas culturales. Por ejemplo, la descripción de la juventud en *187* se aviene muy bien con el crecimiento de un muy visible sistema de justicia penal cuyas políticas de mano dura recaen de manera desproporcionada sobre la juventud pobre negra y no blanca en general. ¿Cuál es entonces el potencial pedagógico de una película como *187* para tratar las condiciones políticas, raciales y económicas que promueven una amplia y aclamada «guerra contra la droga» y cuya política amenaza con acabar con toda una generación de chicos negros que son enviados cada vez más a unas cárceles cuyo número de reclusos crece alrededor de un siete por ciento cada año y cuyo coste asciende a más de 30 mil millones de dólares anuales?[57] Los datos son alarmantes:

---

lizados. Por consiguiente, Devine destruye un interesante análisis de la cultura de la violencia en las escuelas al restringir sus soluciones en el marco de un paradigma profundamente privatizado y encerrado dentro del discurso de la refinada pandilla de fanáticos dirigida por moralizadores farisaicos como William Bennett.
57. Estas cifran aparecen en BUTTERFIELD, F. (1997): «Crime Keeps on Fall, But Prisons Keep on Filling». *The New York Times* (domingo 28 de septiembre de 1997), p. 1. Jimmie Reeves y Richard Campbell proporcionan una visión aún más amplia del crecimiento de las prisiones en Estados Unidos: «De hecho, durante la era Reagan, la cifra de reclusos casi de dobló en las cárceles norteamericanas (de 329.821 reclusos en 1980 a 627.402 en 1989) dado que el número de arrestos por droga a nivel nacional pasó de 471.000 en 1980 a 1.247.000 en 1989. En 1990 Estados Unidos poseía la mayor tasa de encarcelamiento del mundo, 9(.)426 por cada 100.000 habitantes, mientras que la de su primer competidor, Sudáfrica, era de 333 por cada 100.000 habitantes. Ese mismo año –cuando cerca de la mitad de los internos de las cárceles federales estaban allí por motivos de drogas– los afroamericanos constituían casi la mitad del número de reclusos en las cárceles estadounidenses, y alrededor de uno de cada cuatro hombres jóvenes negros entre veinte y treinta años estaba en la cárcel o en libertad condicional (en comparación con sólo un 6% de hombres blancos». Cita de REEVES, J.L.; CAMPBELL, R. (1994): *Cracked Coverage: Television News, the Anti-cocaine Crusade, and the Reagan Legacy*. Durham. Duke University Press, p. 41.

Entre 1983 y 1998 el número de internos en las prisiones de Estados Unidos pasó de 650.000 a más de 1,7 millones. Cerca del 60% de esos reclusos son afroamericanos e hispanos. Más de un tercio de los chicos negros entre veinte y treinta años está actualmente en la prisión, en libertad condicional o a la espera de juicio. Cada semana las cárceles reciben 1.200 nuevos presos y tienen que añadir cerca de 260 camas nuevas cada día[58].

Este estado de la situación se ve agravado por el inquietante hecho de que, durante el tiempo que pasan recluidos, prácticamente la mitad de la nueva generación de hombres negros no puede ejercer su derecho al voto en varios estados. ¿Cómo puede un texto como *187* ser utilizado para estudiar la relación entre el aumento del número de presos y la situación difícil originada por la desaceleración industrial y el desempleo creciente entre los jóvenes negros de las ciudades americanas de la década de los noventa? Algo que para los estudiantes podría significar el enfrentarse a sus propias reacciones ante el pánico moral con relación al crimen y las cuestiones raciales que han hecho mella entre las clases medias durante la última década ha derivado en un apoyo electoral a las leyes severas con el crimen y al aumento masivo de los encarcelamientos.

Como mínimo, los educadores podrán estudiar *187*, no sólo en función de lo que ésta puede significar, sino también viendo cómo actúan dentro de un entramado de relaciones sociales complejas que dan lugar a las condiciones de las que el mismo texto forma parte y a partir de las cuales se origina. Larry Grossberg argumenta inteligentemente que este tipo de pedagogía comportaría una mayor exploración del modo en que las prácticas discursivas construyen y participan en el sistema en el que la gente hace su vida y, de este modo, son producidos y controlados. En vez de buscar el significado o de tratar de deducir lo que se dice de lo dicho, o de preguntarse lo que el texto significa, o lo que la gente hace con los textos, [una pedagogía crítica] debería encargarse del efecto que las prácticas discursivas tienen sobre el mundo[59].

Tratar sobre los efectos discursivos que pueden tener películas como *187* puede significar hablar sobre la implicación de esta película de Hollywood al apropiarse de la controvertida proposición de California que niega el acceso a la educación a los estudiantes que no sean blancos. Esto también puede arrojar respuestas sobre cómo *187* apoya un discurso público que racionaliza la satanización de la juventud de las minorías y desprovee de fondos la enseñanza pública y privada, al tiempo que en estados como California:

Aproximadamente 22.555 afroamericanos cursan estudios universitarios de cuatro años [...] mientras que 44.792 de ellos (casi el doble) están en la cárcel [y] esta cifra no incluye a los afroamericanos que se encuentran en las prisiones de los condados, en el reformatorio o en libertad condicional[60].

---

58. MARABLE, M. (1998): «Beyond Color-Blindness». *The Nation* (14 de diciembre de 1998), p. 31.
59. Cita de GROSSBERG, L. (1998): «The Victory of Culture, Part I». University of North Carolina at Chapel Hill, p. 27. [Inédito]
60. Cifras citadas en *The Justice Policy Institute/Center on Juvenile and Criminal Justice Policy Report* (1996): *From Classrooms to Cell Blocks: How Prison Building Affects Higher Education and African American Enrollment in California*. San Francisco, CA, p. 2.

Las películas de Hollywood como *187* deben estudiarse y entenderse dentro de un marco amplio de debates políticos sobre la educación y el crimen que a menudo sirven para legitimar políticas que alejan del poder a los pobres y a la juventud marginada racialmente. Por ejemplo, el gasto nacional del estado en reformatorios ha aumentado un 95% respecto a la década pasada, mientras que el presupuesto en la enseñanza superior se ha reducido en un 6%. De manera similar, «durante un período de diez años, la cantidad de personal de los correccionales ha crecido cuatro veces más que el cuerpo docente de la enseñanza superior». De nuevo, no resulta sorprendente que el escenario de *187* sea fundamentalmente California, un estado que ahora «gasta más en correccionales (9,4% del presupuesto general) que en la enseñanza superior»[61]. Aunque sería absurdo hacer ver a los estudiantes que este tipo de películas son responsables de la distribución actual de los fondos gubernamentales, sí que hay que decir que éstas colaboran en una política representativa y en una pedagogía pública que no puede verse como separada del pánico racial creciente y del miedo a las minorías, los pobres y los inmigrantes.

Como discursos públicos, las películas como *187*, *The Substitute*, *The Substitute II* y *Belly* no consiguen acabar con los estereotipos racistas que fomentan las políticas criminales discriminatorias y de mano dura y los casos crecientes de brutalidad policial, como la famosa tortura de Abner Louima a manos de policías de Brooklyn o los recientes disparos de cuatro policías de Nueva York a Amadou Diallo, que dejaron en el cuerpo de este y en el vestíbulo de un edificio un total de cuarenta y una balas, a pesar de que Diallo no iba armado.

Estas películas dicen poco sobre los asaltos policiales en los barrios negros pobres, como el dirigido por el jefe de policía de Los Angeles, Daryl Gates, contra el centro sur de esta ciudad. Aprovechando los pánicos morales de base racial que alimentan el antagonismo popular contra la acción afirmativa, los inmigrantes, la enseñanza bilingüe, las zonas urbanas deprimidas y las madres solteras receptoras (las *welfare queens*), las películas como *187* sacan partido de los medios de exclusión a través de lo que Jimmie Reeves y Richard Campbell llaman el «discurso de la discriminación» y el «espectáculo de estigmatización». En este discurso se representa a la juventud urbana negra y no blanca en general como «el otro patológico –un delincuente sin rehabilitación posible»[62].

Lo que resulta único de *187* es que explora cinematográficamente cuál podría ser la conclusión lógica de tratar con la juventud urbana, la reforma de la cual ya no entra en la agenda nacional y cuya contención, así como la militarización de las áreas educativas, resultan inadecuadas y demasiado comprometidas. Llevada al extremo, *187* flirtea con la lógica de la supremacía blanca más radical, es decir, la exterminación y el genocidio de esos otros considerados inaceptables en la reforma social, inhumanos y despreciables. *187* se aprovecha de la concepción popular, expresada sin

---

61. Cita de «From Classrooms to Cell Blocks: A National Perspective». *The Justice Policy Institute* (febrero de 1997), p. 2.
62. Estas citas están extraídas de REEVES, J.; CAMPBELL, R. (1994): *Cracked Coverage: Television News, the Anti-cocaine Crusade, and the Reagan Legacy*. Durham. Duke University Press, pp. 40-41.

fin en los medios de comunicación, de que la enseñanza pública no resulta segura para los chicos blancos de clase media, de que la violencia racial es endémica en los centros públicos, de que una minoría de estudiantes ha transformado la disciplina de la clase en un chiste, de que los administradores están paralizados por una burocracia insensible, y de que la única cosa que estudiantes y profesores comparten un día tras otro es el deseo de supervivencia. Pero las implicaciones de los textos culturales como *187* resultan significativas no sólo como estrategias de entendimiento y de compromiso crítico que plantean cuestiones sobre asuntos sociales, textos y discursos relacionados, sino que lo son también a la hora de investigar lo que conllevaría sobrepasar el espacio institucional de la clase para tratar los temas sociales de áreas relacionadas y marcadas por las injusticias raciales y las relaciones de desigualdad de poder.

La popularidad de películas como *187* en pleno apogeo del multiculturalismo académico apunta, a la vista de tales representaciones, la necesidad de los educadores de ampliar su conocimiento político como parte de un proyecto más amplio dirigido a tratar las cuestiones sociales importantes en nombre de una democracia multirracial. Esto conlleva ir más allá de limitar el multiculturalismo al simple estudio de los textos o los discursos y tratar la política multicultural como parte de la lucha por el poder y los recursos en muchas de las áreas públicas. Esto puede comportar luchar por cambiar el modo en que «la economía de la financiación escolar y la política educativa [actúan] para mantener la segregación en la enseñanza pública estadounidenses [a través] de políticas fiscales inhumanas que han asegurado el empobrecimiento continuo de las escuelas a las que sólo van niños negros o hispanos»[63]. O también lo que puede suponer para los estudiantes embarcarse en una política de multiculturalismo orientada hacia la reforma del sistema judicial criminal que encarcela y castiga desproporcionadamente a las minorías de clase y de color. En este caso, los cuestiones de representación e identidad ofrecen a los educadores multiculturales la oportunidad de explorar y desafiar la solidez y los límites de los textos culturales. Ello sugiere el desarrollo de una teoría que fomente un vocabulario social de la diferencia cultural que aúne las estrategias de comprensión y las de compromiso, que reconozca los límites de la universidad como un lugar de compromiso social, y que rechace reducir la política a un simple asunto de lengua y significado que elimine otras cuestiones más amplias del poder político sistémico, el control institucional, la propiedad de la economía y la distribución de los recursos culturales e intelectuales en una amplia gama de espacios públicos.

Personalmente, reconozco que los académicos no se pueden convertir en intelectuales públicos por el simple hecho de desearlo, dadas las restricciones profesionales e institucionales con las que trabajan. Pero, al mismo tiempo, si el multiculturalismo no abandona el mundo de la política pública y se toma en serio la conexión entre la cultura y el poder, los educadores progresistas tendrán que replantearse colectivamente lo que significa conectar la lucha por el cambio dentro de la universidad con las luchas por el cambio en la sociedad en general.

---

63. Ambas citas son de BERUBE, M. (1993): «Disuniting America Again». *The Journal of the Midwest Modern Language Association*, n. 26 (primavera de 1993), p. 41.

El hecho de combinar el rigor teórico con las cuestiones sociales puede resultar arriesgado política y pedagógicamente, pero la promesa de una democracia multicultural sobrepasa con creces la seguridad y los beneficios que conlleva el retiro hacia la relevancia académica y el profesionalismo neutral.

4

Enseñar política con Homi Bhabha*

Introducción

Como he sugerido a lo largo de este libro, la relación entre cultura, política y pedagogía es tema de acalorada discusión entre teóricos, politólogos y educadores, y la controversia trasciende las divisiones ideológicas. Buena parte de la animosidad no resulta sorprendente –el detritus del rechazo conservador a la diferencia– aunque ha adquirido una nueva urgencia al formar parte de una reacción más amplia contra las mujeres, las minorías de color, la juventud, y la estructura subyacente del mismo estado del bienestar. Las líneas de ataque más familiares se pueden resumir como siguen: la política cultural se rechaza en aras de una nueva –en realidad, antigua– ortodoxia del materialismo anacrónico, o simplemente se descarta como una influencia corruptora de los valores universales de la verdad, la belleza y la razón.

Atrapadas entre las modalidades de una estética universal atemporal o un economicismo definido de modo muy restringido, algunas facciones, tanto a la derecha como a la izquierda, califican la proliferación de diferencias de la cultura como algo altamente peligroso. Eliminando la cultura del juego de poder y de la política, los educadores y críticos de todo el espectro ideológico frustran la posibilidad de entender cómo el aprendizaje está relacionado con el cambio social. Además, esta supresión impide comprender cómo la lucha entre identidades, significados, valores y deseos que tiene lugar en todo el campo de las prácticas sociales (o cómo la autoridad social) se ejerce para dificultar a los grupos subalternos la participación en esas luchas de una manera legítima. Sin embargo, algunas críticas proporcionan una grata oportunidad para reconsiderar la relación entre la política cultural y la política en general, entre la política cultural y la política de formación, y entre la política y la acción.

A continuación, seguiremos con un tema importante de este libro: la defensa de la cultura como un territorio importante de la lucha política y de la pedagogía

---

* Capítulo elaborado por Henry A. Giroux en colaboración con Susan Searls Giroux.

como componente decisivo de la política cultural. Para ello, primero queremos analizar algunas conversaciones públicas recientes sobre los pedagogos universitarios en general y la naturaleza de la pedagogía en particular. Cada vez más, la pedagogía ha sido descartada como elemento viable de la política educativa y cultural, o se ha hecho que resulte políticamente obsoleta reduciéndola a un método y un conjunto de prescripciones instrumentales y consejos para la enseñanza. Analizaremos con más detalle estos ejemplos, porque son característicos de cómo la pedagogía está siendo despolitizada como parte de un ataque más amplio contra la enseñanza superior y la propia cultura de la política.

Para contrarrestar estos ataques, intentamos, en la segunda parte de este capítulo, defender la relación entre la *política de la cultura* y la *cultura de la política* –y la primacía de lo pedagógico como fuerza constitutiva en la resurrección de una cultura política con fundamentos democráticos que relacione la lucha por las identidades y el sentido con la lucha más amplia por las relaciones materiales de poder[1]. Para ello tomaremos la obra de Homi Bhabha como ejemplo de práctica pedagógica y crítica que se preocupa de las relaciones ente cultura, poder y política por un lado, y formación, pedagogía y cambio social por otro.

El trabajo de Bhabha es importante tanto para reconsiderar la pedagogía como modelo de sondeo cultural que resulta esencial para cuestionar las condiciones bajo las cuales se producen el conocimiento y las identificaciones, como también para cómo se adoptan o descartan posiciones sobre el tema. Bhabha también plantea importantes preguntas sobre cómo pensamos la política –es decir, cómo entendemos la dinámica de la cultura dentro del mutable campo de lo discursivo–, y las implicaciones que tiene para teorizar las condiciones pedagógicas que hacen posible la acción social.

Erradicando la política de la pedagogía

La teoría conservadora de la educación empieza con la premisa de que el conocimiento es el cumplimiento con las tradiciones (occidentales) y la pedagogía es un método técnico que consiste principalmente en un proceso de transmisión. Aunque parece razonable asumir que existe una relación entre lo que sabemos y cómo actuamos, ello no supone (aunque a menudo es así en la teoría y el discurso educativo conservadores) que lo que aprendemos y cómo lo aprendemos se pueda medir sólo por el contenido de una disciplina establecida. Éste es un argumento mal construido y de funestas consecuencias por su rechazo a considerar las condiciones discursivas e institucionales particulares bajo las que aprendemos y actuamos. Hay asuntos fundamentales que se eliminan bajo esta perspectiva, como los de la relación entre el conocimiento y el poder y cómo el lenguaje conforma la experiencia bajo condiciones de aprendizaje concretas. En este contexto, la naturaleza de la producción del conocimiento, su legitimación y circulación se subsume a menudo bajo el llama-

---

1. Este tema se trata en mayor profundidad en GIROUX, H.A. (próxima publicación): *Stealing Innocence: Youth, Corporate Power, and the Politics of Culture*. Nueva York. St. Martin's Press.

miento a la excelencia y a los estándares, y el carácter productivo de la pedagogía como práctica moral y política se descarta simplemente como la imposición de un sesgo y como un obstáculo para el aprendizaje o se relega a una caja de sorpresas de métodos despolitizados y definidos casi exclusivamente en términos técnicos e instrumentales. La primera posición se puede encontrar en la obra de Leon Botstein, el nada remilgado director del Bard College, y la segunda se hace evidente en los trabajos académicos sobre pedagogía realizados por Elaine Showalter, la antigua presidenta de la Modern Language Association[2].

A pesar de que tienen aparentemente diferentes posiciones en el papel de la educación y el valor de la pedagogía, ambos teóricos representan ejemplos de las llamadas *reformas educativas progresivas* que niegan la naturaleza política de la educación y las posibilidades transformadoras de la pedagogía misma.

En un artículo de opinión reciente de *The New York Times,* Botstein sugiere que la causa básica del fracaso de la educación en Estados Unidos es en gran parte la inadecuada preparación de los profesores. Botstein apunta a las facultades de educación de todo el país para argumentar que a los futuros profesores se les enseña pedagogía a expensas de un aprendizaje formal de su materia y, por tanto, no están adecuadamente preparados para enseñar a los estudiantes ni tan sólo los fundamentos de las asignaturas básicas, contribuyendo tanto a bajar el nivel de los estándares académicos como a que los estudiantes no aprendan. La solución, según Botstein, es «disolver las facultades que preparan profesores e integrar la educación de los profesores en la universidad»[3]. En resumen, Botstein aboga porque las facultades de magisterio les hagan un flaco favor para centrarse en las trayectorias sociales, históricas y filosóficas de las propias tradiciones de la disciplina educativa a costa de aprender materias enseñadas por profesionales de las artes liberales. Para Botstein, la clave de la reforma educativa radica en elevar los estándares académicos, especialmente por medio del dominio de las materias basadas en una disciplina. Del llamamiento miope y simplista de Botstein está ausente cualquier intento de considerar cuestiones más amplias como qué se espera de las escuelas públicas y de las de enseñanza superior en una democracia y por qué fracasan. Su llamamiento superficial en favor de nuevos contenidos académicos no puede contemplar la relación entre las universidades y la democracia porque está despolitizada dentro del discurso de la pureza disciplinaria. Botstein no tiene nada que decir sobre cómo el conocimiento se relaciona con el poder de autodefinición y autodeterminación. La pedagogía se contempla generalmente como algo que tiene que ver con procesar un conocimiento recibido más que no con transformarlo en interés del bien público. Botstein es completamente indiferente ante, por no decir que ignora, no sólo las cuestiones del propósito y sentido de la educación, que son las que en realidad establecen el contexto para com-

---

2. BOTSTEIN, L. (1999): «Making the Teaching Profession Respectable Again». *The New York Times* (lunes 26 de julio de 1999), Op Ed Page, A. 19.; SHOWALTER, E. (1999): «The Risks of Good Teaching: How 1 Professor and 9 T.A.'s Plunged Into Pedagogy». *The Chronicle of Higher Education,* n. XLV, (9 de julio de 1999), pp. B4-B6.
3. BOTSTEIN, L. (1999): *op. cit.*

prender las relaciones entre conocimiento y poder, sino también al hecho de que la crisis real en las escuelas no se basa simplemente en si los estudiantes son capaces de aprender determinadas materias, sino en si los estudiantes son capaces de alcanzar los objetivos educativos tradicionales, como por ejemplo, aprender a pensar críticamente sobre los conocimientos que adquieren, tratar los grandes temas sociales, y desarrollar un sentido de responsabilidad social.

La llamada a los estándares de Botstein ignora lo que significa educar a los futuros profesores con relación al papel que pueden jugar como intelectuales públicos informados sobre cómo funciona el poder, tanto dentro como fuera del aula. Preguntas como las de qué papel juega la educación en una sociedad democrática, cómo las condiciones de enseñanza afectan a cómo aprenden los estudiantes, qué puede significar educar a los estudiantes para distinguir entre normas académicas y trabajo crítico intelectual o qué puede significar educar a los estudiantes para usar el conocimiento de modo crítico para modelar identidades democráticas y planes institucionales, se encuentran completamente ausentes del análisis de Botstein. Para Botstein, el conocimiento es un fin en sí mismo, opuesto al proceso de lucha y negociación en curso, y las condiciones de su producción o los límites que encarna en sus formas institucionalizadas y disciplinarias parecen irrelevantes para el autor.

El énfasis global de Botstein en enseñar conocimientos de disciplinas concretas, en contraste con cualquier compromiso serio con los aspectos pedagógicos demuestra una incapacidad fundamental para tratar lo que podría significar la creación de las condiciones para que el conocimiento resulte significativo, antes de convertirse en crítico o transformador. Excepto para Botstein, el conocimiento no habla por sí sólo y, a menos que existan condiciones pedagógicas para conectar las formas de conocimiento con las experiencias vividas, las historias y las culturas de los estudiantes, este conocimiento no sólo se cosifica, sino que se deposita en el sentido freiriano mediante los modelos de transmisión que, lo mismo ignora el contexto vital en que se produce el conocimiento, como acalla y entorpece el interés del estudiante. El énfasis, además, en la enseñanza como producción de conocimiento tiene poco que decir sobre la enseñanza como autoproducción. En este discurso, se hace casi imposible usar la pedagogía como una manera de hacer que los profesores estén atentos a sus propias identificaciones, valores e ideologías cuando trabajan y modelan lo que quieren enseñar y cómo quieren hacerlo. En otras palabras, el exclusivo énfasis de Botstein en el conocimiento disciplinario no proporciona ningún lenguaje teórico para ayudar a los futuros educadores a registrar e interrogar sus complicidades personales y sociales en qué, cómo y por qué enseñan y aprenden en unas formaciones institucionales y culturales particulares.

En resumen, el énfasis de Botstein en las virtudes del conocimiento de disciplinas concretas como una manera de desacreditar tanto la pedagogía como las facultades de magisterio ignora la importancia crucial de la pedagogía para plantear una serie de cuestiones importantes. Niega, además, la obviedad de que la educación tiene su propio cuerpo de conocimientos disciplinarios que vale la pena investigar, reforzando irónicamente la necesidad de facultades de magisterio. Hay una larga tradición, por ejemplo, de conocimiento educativo, que va desde John Dewey y Paulo Freire, hasta Samuel Bowles y Herbert Gintis y Maxine Greene, que examina la relación entre democracia y educación, teoría y práctica, el plan de estudios formal y el oculto, además de los fundamentos históricos de la educación. Este conocimiento es decisivo tanto para contextualizar como para afrontar las maneras en que el conocimiento académico se ha movilizado para definir los propósitos a menudo específicos de raza, género y clase de la enseñanza pública y superior. De igual modo, la historia de la educación proporciona una rica bibliografía en expansión para analizar la pedagogía como una práctica moral y política a través de la cual el conocimiento, los valores y las relaciones sociales se despliegan en un marco de relaciones de poder desiguales para producir nociones particulares de ciudadanía, posiciones temáticas y formas de identidad nacional. Botstein despolitiza el conocimiento y la pedagogía en su análisis y, al hacerlo, deja sin posibilidad de expresión la necesidad de entender cómo se informan mutuamente y qué sugiere la complicada interacción entre conocimiento y pedagogía para enfrentarse, tanto a la educación de los futuros educadores, como a la enseñanza misma como un tema profundamente ético y político. Para Botstein, la educación trata de la administración del conocimiento, divorciada de las cuestiones de poder, lugar, ideología, autoadministración y política. En este contexto, Botstein proporciona un modelo educativo sin conciencia de sus propias suposiciones pedagógicas y muy deudor de una teoría del aprendizaje que es indiferente a cómo funciona el poder en la educación o a cómo los profesores y los estudiantes pueden utilizar la educación al servicio de luchas democráticas.

En el extremo opuesto a las teorías de Botstein, Elaine Showalter, en un comentario reciente en *The Chronicle of Higher Education*, reconoce la importancia de unas prácticas pedagógicas sensatas y especialmente la responsabilidad del profesorado en la preparación de sus licenciados para impartir cursos de licenciatura. Showalter rechaza la actitud popular entre sus colegas profesionales de que cualquier «interés por la pedagogía [es visto] como el último refugio de los sinvergüenzas»[4]. Para Showalter, tal desdén es infundado y simplemente perpetúa la queja general de que los profesores ayudantes no saben cómo enseñar y que el profesorado no se muestra demasiado dispuesto a hacer nada al respecto. Producto de una impaciencia general junto a la falta de voluntad y esfuerzo para afrontar el problema de la pedagogía, Showalter reunió en 1998 un grupo de licenciados en un curso extracurricular sobre cómo enseñar, para estudiar el problema de la pedagogía. El primer reto para Showalter fue encontrar material sobre la enseñanza para «descubrir qué hacen los otros profesores en sus aulas a puerta cerrada»[5]. Llevó a cabo una búsqueda intensiva en Internet, y tanto Showalter como sus estudiantes se vieron sorprendidos por la cantidad de libros que consiguió encontrar sobre métodos de enseñanza, y argumenta que la mayoría de libros sobre la enseñanza universitaria se pueden agrupar en cuatro categorías generales: memorias personales, reflexiones espirituales y éticas, guías prácticas e informes sobre investigación en educación. Por desgracia, la búsqueda de Showalter la dejó a ella y a sus estudiantes sin conocer una larga tradición de obras críticas y teóricas sobre pedagogía, educación y sociedad. El resulta-

---

4. *Ibídem.*, p. B4.
5. *Ibídem.*, p. A4.

do es que enseñar acaba siendo reducido a una cuestión de métodos, exclusivamente y de manera reduccionista, preocupándose por cuestiones prácticas y técnicas. De ahí, su entusiasmo por los libros que «proporcionan muchas sugerencias sobre temas tan variados como la elección de los libros de texto u obtener reacciones de los estudiantes y de otros colegas» o libros que ayudan «a los profesores a sacar el mayor partido del modelo conferencia/debate»[6]. Incluso esos libros que Showalter afirma que tratan temas éticos y espirituales resultan significativos en la medida en que «pueden proporcionar tanto inspiración como consejos sorprendentemente concretos»[7]. Al final, Showalter recomienda una serie de libros como el de Wilbert J. McKeachie, *McKeachie's Teaching Tips*, y el de Joseph Lowman, *Mastering the Techniques of Teaching*, porque «ofrecen consejos prácticos y concretos sobre cómo aprender a hacer a los estudiantes buenas preguntas y animarles a participar»[8].

Showalter ignora una generación entera de teóricos de la pedagogía crítica que tratan la enseñanza como un ejercicio profesional moral y político, como un intento deliberado de influir en cómo y qué conocimientos e identidad se producen dentro de una relación de poder en la clase[9]. Por eso Showalter abstrae las prácticas pedagógicas de las visiones éticas y políticas que las delatan y tienen poco que decir sobre cómo la pedagogía relaciona al yo con la vida pública, la responsabilidad social, o las demandas de la ciudadanía crítica. Showalter no posee el lenguaje pedagógico para tratar las desigualdades sociales, raciales y de clase. Tampoco ofrece a sus estudiantes una guía sobre cuestiones como la justicia, la igualdad, la libertad y la imparcialidad, que deberían estar en el centro del ejercicio pedagógico diseñado para permitir que los estudiantes reconozcan los problemas sociales y las injusticias en una sociedad basada en profundas desigualdades. Incluso los temas pedagógicos básicos que se refieren a cómo la autoridad del profesor puede manifestarse sin ser contraria al ejercicio de la libertad son ignorados por el discurso de Showalter. Al definir la pedagogía como un discurso apriorístico que simplemente necesita ser descubierto y desplegado, Showalter no tiene nada que decir sobre la pedagogía como resultado de las luchas específicas entre los diversos grupos para poner nombres a la historia, la experiencia, el conocimiento, y el sentido de la vida cotidiana en términos propios. Desgraciadamente, Showalter ofrece una pedagogía despolitizada de consejos que no dicen nada sobre cómo el conocimiento, los valores, el deseo y las relaciones sociales siempre están implicados en los ejercicios del poder y las instituciones más amplias. Uno se pregunta: ¿qué tiene que decir esta forma de pedagogía desvirtuada acerca de la creciente concepción de las universidades como empresas y la actual disminución de habilidades de los profesores, o el papel que juega la pedagogía en la educación de los estudiantes sobre qué enseñanza pública y superior debe ofrecer en una democracia y por qué fracasa tan a menudo?

---

6. *Ibídem.*, p. B5.
7. SHOWALTER, Elaine (1999): *op. cit.*, p. B5.
8. *Ibídem.*, p. B6.
9. Para ser justos con Showalter, hemos de decir que ella no es la única de las humanistas que rechaza salirse de su disciplina para obtener algún beneficio teórico sobre el importante trabajo realizado en la pedagogía crítica. Otro ejemplo reciente se encuentra en MARTIN, B. (1997): «Introduction: Teaching, Literature, Changing Cultures». *PMLA*, n. 112 (enero de 1997), pp. 7-25.

Si Botstein despolitiza e instrumentaliza cuestiones relativas a la producción del conocimiento y reduce la pedagogía a la lógica de la transmisión, Showalter cosifica de modo parecido la pedagogía despojándola de sus referentes políticos y éticos, y la transforma en un cajón de sastre de métodos prácticos y técnicas. Ninguno de estos dos teóricos tiene nada que decir sobre el carácter productivo de la pedagogía como discurso político y moral. Por consiguiente, ninguno de los dos menciona las condiciones institucionales que influyen sobre la habilidad de los profesores de relacionar la concepción con la puesta en práctica, y lo que significa desarrollar una mejor comprensión de la pedagogía como una lucha por la formación de las identidades particulares. Tampoco pueden abordar cuestiones sobre la educación como forma de intervención política que no puede eludir su papel a la hora de crear espacios que puedan conferir autoridad o quitársela a los estudiantes, ni interrogarse críticamente por el papel de la autoridad del profesor, o debatir los límites de materias académicas establecidas manteniendo diálogos críticos sobre los objetivos y las prácticas educativas. Estas preguntas tan sólo rozan la superficie de los asuntos que se excluyen a menudo cuando la educación se vincula solamente a la enseñanza del contenido, y la pedagogía se instrumentaliza hasta el punto de la irrelevancia.

En contra de estas visiones cada vez más extendidas, nos basaremos en la obra, oportuna y provocativa, de Homi Bhabha. La obra reciente de Bhabha es especialmente adecuada para esta tarea, ya que rechaza una política con garantías y al mismo tiempo, y de modo implacable, investiga el significado de vivir dentro de las nociones de acción social, compromiso y educación que tratan cuestiones sociales importantes, pero que no pretenden llegar a una comprensión completa de los contextos, los textos y el desarrollo de los hechos. Para Bhabha, la cultura es el ámbito del significado provisional, la indeterminación y la incertidumbre, y es precisamente este énfasis en lo condicionado, contingente y contextual que ofrece ese espacio intermedio donde se forman las identidades, donde se desarrolla la acción social y la pedagogía se manifiesta en la formación ética del yo en la historia[10].

Haciendo lo pedagógico más político en la obra de Homi Bhabha

El debate actual sobre la viabilidad de la política cultural y de la pedagogía crítica proporciona una oportunidad importante para probar los puntos fuertes y las limitaciones del análisis teórico de Homi Bhabha sobre la relación entre cultura y pedagogía, conocimiento y poder, y sentido e inversión. Para Bhabha, la cultura es el terreno de la política, un lugar donde el poder se elabora y se lucha por él, se des-

---

10. Para un extenso análisis sobre los fundamentos éticos de la pedagogía crítica de la inabarcabilidad de los seres humanos y su inclusión en el proceso permanente de la toma de decisiones, la libertad, las opciones, la ruptura con el pasado y la formación continua de uno mismo, véase FREIRE, P. (1999): *Pedagogy of Freedom*. Lanham. Rowman and Littlefield.

pliega y se cuestiona, y se entiende no solamente en términos de dominación sino de negociación[11]. La cultura es, en este sentido, un espacio de puesta en práctica, un lugar complejo que revela los límites de la teoría, «abre la estrategia narrativa para el surgimiento de la negociación» y nos incita a pensar más allá de los límites de la teoría y «orientar la pedagogía hacia la exploración de sus propios límites»[12]. La cultura proporciona también el marco constitutivo para hacer de lo pedagógico algo más político –investigando cómo los educadores pueden hacer que el aprendizaje sea significativo para abrir sus posibilidades discursivas y placeres como parte de una estrategia más amplia de formación social y del yo.

En un momento en que la función social de la universidad es ridiculizada con frecuencia por críticos culturales como el instrumento de la visión empresarial invasora, en constante progreso, o bien como un bastión del «siempre presto» a dar su apoyo al *statu quo*, la atención prestada por Bhabha a la relación entre la escritura, la acción social, el yo y la transformación social proporciona a los educadores un recordatorio muy necesario de la importancia potencial de su trabajo en la universidad. Bhabha rechaza reducir la formación a imperativos pedagógicos de método o al llamamiento etnocéntrico de las nociones cosificadas de conocimiento incorporadas en las concepciones occidentales del canon.

Al mismo tiempo, Bhabha es lo suficientemente prudente para afirmar que no debemos hacer de la formación un fetiche que mejora la sociedad *de facto* ni como una fuerza democrática por sí misma; sostiene, en uno de los momentos más lúcidos y aleccionadores de una entrevista reciente, que, de hecho, la ideología principal de mucha gente con formación es el racismo[13]. Hecha esta salvedad, explora qué puede ofrecer pedagógicamente la crítica postcolonial al estudiante de todos los niveles educativos; qué puede significar, se pregunta, hacer teoría «practicando una cierta clase de escritura», y desarrollar ideas que «también conformen [y] representen la retórica»[14].

En contraste con la pedagogía-como-método de Showalter, Bhabha relaciona las cuestiones de la *enseñanza*, la *escritura* y la *formación* con cuestiones de *representación de uno mismo* y lo que puede significar para los estudiantes funcionar como agentes dentro de una cultura democrática más amplia. Para estudiantes marginados por su raza, clase o género, que no pueden encontrarse a sí mismos, Bhabha propone una estrategia que Ranajit Guha llama «escritura a la inversa»[15]. Esta intervención no articula simplemente las ausencias de historias y narrativas marginadas, también lee las narrativas dominantes contra sí mismas para comprender el momento de trastorno que es, para Bhabha, el momento postconial por antonomasia. Exponer a los estudiantes al discurso del tono sentencioso, educarles para que piensen, e

---

11. Véase, por ejemplo, BHABHA, H. (1994): *The Location of Culture*. Nueva York. Routledge.
12. Véase, por ejemplo, BHABHA, H. (1994): *op. cit.*, p. 181.
13. OLSON, G.; WORSHAM, L. (1998): «Staging the Politics of Difference: Homi Bhabha's Critical Literacy–an Interview». *Journal of Composition Theory*, n. 18, pp. 361-391.
14. BHABHA, H. (1994): «Staging the Politics of Difference». *op. cit.*, p. 363.
15. GUHA, R. (1983): *Elementary Aspects of Peasant Insurgency in Colonial India*. Nueva York. Oxford University Press, p. 333.

insistiendo en que ocupan fisuras, lagunas y vacilaciones en afirmaciones que dan por supuestas, son, para Bhabha, los medios para abrir un espacio liminal, o medio, para un compromiso crítico y potencialmente revisionista –o revolucionario– con lo que llama el «consenso del sentido común»[16].

La pedagogía para Bhabha se convierte en un acto ejecutorio (performative), una mediación más que simplemente un medio, que revela en su ambivalencia narrativa una «tensión inquietante entre dónde emerge el signo y donde acaba»[17]. Una ambivalencia como ésta no sólo proporciona un espacio político para desafiar los aspectos ideológicos de una pedagogía cultural narrativa –«lo que creemos que vemos sin mirarlo en realidad»[18]– sino que también llama la atención sobre las fronteras perturbadas y las fisuras dentro de las formaciones sociales dominantes, las estrategias y el ejercicio práctico. Naturalmente, estas estrategias corren el riesgo de invertirse sin perder las dualidades operativas, pero la obra de Bhabha es famosa por rechazar esta clase de construcción. Al contrario, Bhabha problematiza el acto mismo de enunciar y de dirigirse a un público para hacer tanto de su objeto como de su sujeto un lugar para la negociación, el diálogo y el compromiso pedagógico y crítico. Igual de importantes son los discursos marginados de raza, género e inclinación sexual para cualquier pedagogía progresista; deben entenderse como secundarios y abiertos a la interrogación de la naturaleza de la autoridad que proporciona a estos discursos valencia política y ética.

El imperativo pedagógico de Bhabha no se refiere simplemente a refinar las capacidades propias de la argumentación racional y retórica, para identificar y rebatir contradicciones dentro de una sociedad alta e históricamente fragmentada en razas. Bhabha proporciona un servicio teórico adicional a los educadores complicando el proceso de convertirse en alguien críticamente formado invocando el papel que el afecto y la emoción juegan en la formación de las identidades individuales y colectividades sociales. En un intento de entender cómo la educación como fuerza productiva trabaja en la creación y recreación de posiciones y contextos temáticos particulares, Bhabha hace de lo pedagógico algo más político tomándose en serio esos mapas de sentido, esas inversiones afectivas y esos deseos sedimentados que permiten a los estudiantes relacionar sus propias vidas y la experiencia cotidiana con lo que aprenden. La pedagogía en este sentido se convierte en algo más que una mera transferencia de conocimiento adquirido, una inscripción de una identidad unificada y estática, o una metodología rígida; presupone que los estudiantes se mueven por sus pasiones y se motivan, en parte, por las inversiones afectivas que aportan al proceso de aprendizaje. Esto sugiere, como señala Paulo Freire, la necesidad de una teoría de la pedagogía que quiera desarrollar una «comprensión crítica del valor de los sentimientos, emociones y deseos como parte del proceso de aprendizaje»[19]. La relación entre la praxis pedagógica, la formación crítica y la identidad en este contexto

---

16. BHABHA, H. (1994): «Staging the Politics of Difference». *op. cit.*, p. 367.
17. *Ibídem.*, p. 369.
18. BHABHA, H. (1995): «Dance This Diss Around». *Artforum* (abril de 1995), p. 20.
19. FREIRE, P. (1999): *op. cit.*, p. 48.

se ve siempre como parte de una lucha constante acerca de qué constituye lo social y de cómo las identidades se conforman dentro de una cultura de movimiento e indeterminación que permite una proliferación de discursos, lenguajes y preguntas[20].

La política y pedagogía de la indeterminación, de la parcialidad y del movimiento de Bhabha rechaza las narrativas modernistas tradicionales de la certeza, control y maestría que marcan las teorías educativas de transición. Y es la llamada de Bhabha a que los educadores «se hagan responsables de los que no tienen voz [...] para proporcionar la rareza como marco»[21], de modo que puedan reconocer formas de distanciamiento temporal y negociación que les ofrezcan la posibilidad de desarrollar un ejercicio pedagógico que les permita cuestionar una posición a la vez que rechazan la arrogancia de la certeza teórica[22]. En el discurso de Bhabha no hay lugar para grandes oposiciones como las que suelen abrazar los conservadores. Las identidades, como la cultura misma, se forman de modo ejecutivo en esos pasos fronterizos, fisuras y negociaciones que conectan lo público con lo privado, la psique con lo social[23]. Sin embargo, hay algo más en juego en la teoría de la diferencia, la identidad y la formación de Bhabha que la elaboración de temas. Está también el replanteamiento de la naturaleza de la política en sí misma. Bhabha instruye ampliamente sobre este punto en su comentario:

La política es tanto un proceso de la producción ambivalente de identificaciones temáticas y psíquicas –sexualidad, culpa, dependencia– como un discurso más informal de objetos y objetivos gubernamentales –trabajo alienado, diferencias salariales, discriminación positiva legislativa[24].

La credibilidad de Bhabha se ve reforzada cuando problematiza la afinidad contemporánea entre los teóricos con lo que él llama los «mantras del multiculturalismo» redefiniendo la diferencia cultural como «un discurso construido de modo particular en un momento en que algo resulta desafiado por su poder o autoridad», más que «una emanación natural del hecho que hay diferentes culturas en el mundo»[25].

Para este fin, su teoría de *lo híbrido* lo mismo desafía las reivindicaciones esencialistas de una identidad auténtica como enfatiza la necesidad de negociación entre textos y culturas en situaciones de relaciones de poder injustas a través de «estrategias de apropiación, revisión e iteración»[26].

---

20. Acerca de este tema, véanse las observaciones de Ernesto Laclau's en WORSHAM, L.; OLSON, G. (1999): «Hegemony and the Future of Democracy». *Journal of Composition Theory*, n. 19, pp. 1-34.
21. BHABHA, H. (1992): «The world and the Home». *Social Text*, n. 30-31.
22. En relación con este tema, véase especialmente BHABHA, H. (1998): «The Commitment to Theory». *New Formations*, (verano de 1998), pp. 5-22.
23. Bhaba trata este asunto en varias publicaciones. A nosotros nos gusta(n) especialmente sus versiones de BHABA, H. (1992): *op. cit.*, pp. 141-153 y BHABA, H. (1994): «The Enchantment of Art», en BECKER, C.; WIENS, A. (eds.): *The Artist in Society*. Chicago. New Art Examiner, pp. 24-34.
24. BHABA, H. (1992): «A Good Judge of Character: Men, Metaphors, and the Common Culture», en MORRISON, T. (ed.): *Race-ing Justice, Engendering Power: Essays on Anita Hill, Clarence Thomas, and the Construction of Social Reality*. New York. Pantheon, pp. 244-245.
25. BHABHA, H. (1994): *op. cit.*, p. 372.
26. *Ibídem.*, p. 390.

En la parte que sigue a continuación, pretendemos seguir explorando la oportuna y provocativa obra de Bhabha investigando las dinámicas de la escritura, la formación y el cambio social a la vez que se explorarán cuestiones sobre la relación entre lo que llamamos *estrategias de comprensión, estrategias de compromiso* y *estrategias de transformación*, así como el papel mediador del afecto y el deseo. Intentamos pensar en las teorías límite de la diferencia cultural, lo híbrido y la formación de la identidad a la vez que comprendemos su posición central en cuestiones de acción, poder, política y pedagogía.

En resumen, queremos extender las perspicaces tentativas de Bhabha para hacer lo político más pedagógico incluso reconociendo su profunda contribución a las intervenciones políticamente imprudentes y cada vez más antiintelectuales del debate público sobre la educación en general y la pedagogía en particular. En términos de Bhabha, ello significa replantearnos la tensión entre lo pedagógico y lo ejecutivo preguntándonos cómo lo ejecutivo funciona pedagógicamente. Para este fin, nos preguntamos lo siguiente: ¿hasta qué punto las estrategias de negociación de Bhabha desafían en sí mismas, en realidad, las injustas relaciones de poder? En otras palabras, ¿qué otras condiciones (más allá de la capacidad de identificar y habitar las lagunas y fisuras de los discursos dominantes) deben ser asumidas para que el tema de escritura/lectura se experimente como un agente de cambio social?

Claramente, Bhabha no ignora el poder institucional, pero su énfasis por explorar y aprovecharse de la ambivalencia discursiva, a veces, acaba con el alcance y la gravedad de esas fuerzas. ¿Hasta qué grado su teoría pedagógica de la lectura y la escritura exterior o más allá de la frase, se basa en un inquisidor predispuesto hacia, y ya comprometido críticamente con, las suposiciones del sentido común? ¿Qué papel juegan el afecto y el deseo en la decisión de uno de comprometerse críticamente –o de liberarse del compromiso– con el proceso de aprendizaje y cuáles son las implicaciones de todo ello para los educadores?[27] Y finalmente, ¿cuáles son las limitaciones de una política de la identidad/diferencia para teorizar estrategias de transformaciones pedagógicas y sociales que requieren no sólo intervenciones individuales sino también colectivas? ¿Cómo puede una política de la identidad/diferencia ampliar el significado de la ciudadanía como un principio de acción que desarrolla una noción del bien común pero que deja espacio para la disidencia?

Frederick Douglass y lo subalterno

Pretendemos examinar la densidad y complejidad de estas cuestiones por medio de un breve ejemplo histórico. Existe una extensa historia en las letras afroamericanas de exploración de la relación entre la formación crítica, la adquisición de un sentido de sujeto, y la transformación social y del yo. Lo que sigue a continuación es un intento de responder teóricamente a las preguntas precedentes remitiéndonos a la célebre obra

---

27. Este asunto está extraído de WORSHAM, L.: «Going Postal: Pedagogic Vilence and the Schooling of Emotion». *Journal of Composition Theory*, n. 18, pp. 213-246.

de otro intelectual subalterno cuya dedicación a las posibilidades emancipadoras de la retórica y la escritura mantiene un parecido asombroso con las de Bhabha. Aunque la obra de Frederick Douglass sobre la raza y la retórica procede de un contexto histórico muy diferente –que comprende cuatrocientos años de esclavitud–, nos parece que una traducción cuidadosa de la obra de Douglass proporciona una buena perspectiva para teorizar sobre la pedagogía y la política de la formación crítica en relación con las flagrantes injusticias de las relaciones sociales actuales. Cuando uno considera una variedad completa de nuevas relaciones sociales desde la privatización del complejo de la industria penitenciara a las condiciones de los trabajadores en el comercio sexual internacional en constante crecimiento, la esclavitud puede ser una metáfora muy adecuada.

En su segunda autobiografía, *My Bondage and My Freedom,* Frederick Douglass relata su primer encuentro con el poder de la retórica en la búsqueda de la autorrepresentación y autodeterminación, y al mismo tiempo reescribe dramáticamente la escena tal como apareció en su primera y celebrada autobiografía. Cuando se interrumpió la tutela del joven Douglass por parte de su ama de Baltimore debido a la ira de su amo ante la idea de un esclavo alfabetizado, ya era demasiado tarde. Douglass asintió correctamente a la propuesta de su amo de que «si enseñas a ese negro [...] a leer la Biblia, no habrá quien le detenga [...] se convertirá para siempre en alguien inadecuado para las tareas del esclavo»[28]. Al hacerlo, descubre lo que había sido un misterio doloroso para él: «a saber, el poder del hombre blanco para perpetuar la esclavitud de los negros»[29]. El comentario de su amo no sólo proporcionó a Douglass una revelación especial del poder de la alfabetización para transformar su vida, sino que también alimentó su deseo de leer y aprender, incluso bajo la amenaza de leyes que imponían duros castigos. En cierto momento de su vida, cuando consiguió reunir en secreto el dinero suficiente, Douglass narra su primera compra: una retórica escolar, popular por aquel entonces: *The Columbian Orator.* El libro contenía un texto, entre otros, de especial interés para Douglass, que describe el diálogo entre un amo y su esclavo; lo resume extensamente en su autobiografía.

Parece que un esclavo ha sido capturado después de su segundo intento de fuga y el diálogo se abre con una severa reprimenda del amo. Acusado del grave crimen de ingratitud, se le pide al esclavo que se explique. Sabiendo que nada de lo que pueda decir servirá, simplemente contesta: «me rindo a mi destino». El amo se conmueve ante la respuesta del esclavo y le da permiso para hablar en su defensa. Invitado al debate, el esclavo hace una enérgica defensa de sí mismo y una impecable argumentación contra la esclavitud. El amo «es derrotado en todos los puntos de la discusión; al verse de tal modo derrotado, dócil y generosamente, emancipa al esclavo...»[30]. Douglass recuerda que discursos como éste, no sólo aumentaron su «limitado bagaje lingüístico», sino que le proporcionaron «una valiente y poderosa denuncia de la opresión y una reivindicación brillante de los derechos del hombre»[31].

---

28. DOUGLASS, F. (1969): *My Bondage and My Freedom.* Nueva York. Dover, p. 146.
29. *Ibídem.*
30. *Ibídem.,* pp. 157-158.
31. *Ibídem.,* p. 158.

Poco después, sin embargo, Douglass escribe que él mismo ha tenido esa misma oportunidad para defenderse a sí mismo como el afortunado ex-esclavo, pero la rechaza. Consciente de que su ama quiere una explicación por su dramático cambio de temperamento, permanece sin revelar nada y afirma:

> Podría haberla acercado al estado real de mi mente y explicarle mis motivos para ello, podría haber sido bueno para ambos [...] [Pero] –así es la relación entre el amo y el esclavo– no se lo podía decir [...] Mis intereses iban en una dirección opuesta a la suyos, y ambos teníamos nuestros pensamientos y planes privados. Ella quería que yo siguiera siendo ignorante; y yo decidí saber[32].

Creemos que lo que Frederick Douglass hace suyo a partir de las lecciones de su autoaprendizaje retórico es instructivo a varios niveles, para hacer servir tanto los puntos fuertes como las limitaciones de la teoría de lo híbrido y la acción social de Bhabha. Douglass repite estratégicamente el encuentro entre amo y esclavo en el contexto de su propia vida con una diferencia fundamental que plantea esta simple pregunta: ¿Por qué rechaza completamente la invitación para apropiarse y revisar los discursos dominantes sobre la inmoralidad de la opresión y de los derechos del hombre que tan cuidadosamente estudió en *The Columbian Orator*?

En el ámbito literario, Douglass deja claro que no se pueden afrontar los demonios de la esclavitud desde la posición del esclavo –así es la relación entre el amo y el esclavo. Parece que encontrarse en un espacio liminal o híbrido –ya no sujeto a una mentalidad de esclavo pero no libre aún– no altera aquí mucho las relaciones de poder y opresión. Es sólo después de que Douglass ha conseguido escapar de la cautividad cuando entabla conversación con su anterior amo sobre la necesidad de abolir la esclavitud. La decisión de Douglass de renunciar a su defensa sugiere que las estrategias de negociación que Bhabha propone deben tener en cuenta asuntos de ubicación y poder; deben tener en cuenta, como deja claro Douglass, dónde y cómo el subalterno puede hablar de una manera que tenga autoridad y sentido. Sin embargo, la capacidad para alterar la ubicación de uno está relacionada de modo fundamental a aspectos de la movilidad propia y el acceso a los recursos. Aquí la agencia «no es sólo una cuestión de lugares, sino una cuestión de relaciones espaciales de lugares y espacios y la distribución de las personas dentro de ellos [...] Es una cuestión de la movilidad estructurada por la cual las personas tienen acceso a lugares (y recursos) especiales»[33].

Además, la repetición crítica de Douglass de la narrativa entre amo y esclavo nos sugiere que las estrategias retóricas de apropiación y revisión no tratan adecuadamente la dimensión material del discurso. En otras palabras, la política de la cultura no se puede reducir a la política del sentido, mientras que las cuestiones de la organización material y las consecuencias de la vida desaparecen[34].

---

32. *Ibídem*.
33. GROSSBERG, L. (1996): «Identity and Cultural Studies. Is That All There Is?», en HALL, S.; DU GAY, P. (ed.): *Questions of Cultural Identity*. Thousand Oaks. Sage, pp. 101-102.
34. Esta postura se ha recogido de GROSSBERG, L. (1996): «Toward a Genealogy of the State of Cultural Studies?», en NELSON, C.; GAONKAR, D.P. (eds.): Nueva York. Routledge, pp. 131-147.

La autobiografía de Douglass enfatiza en todas partes la relación entre la racionalización discursiva de la esclavitud y sus efectos materiales y espaciales concretos. Por ejemplo, el discurso consentidor del paternalismo sugiere que los propietarios de esclavos sean responsables de las necesidades materiales y espirituales de sus esclavos, y que los esclavos, a cambio, les deban su trabajo y su eterna gratitud. Esta lógica se traduce para Douglass en la negación de aquellos recursos materiales y oportunidades para la toma de decisiones que podrían permitir cualquier independencia de acción, cualquier parecido con la autodeterminación. Consciente de que el lenguaje de la resistencia puede tener funestas consecuencias materiales en un estado de esclavitud, Douglass tiene que esperar varios largos años antes de poder llevar a cabo su huida y combatir la institución de la esclavitud desde una posición de autoridad libre de las limitaciones discursivas y materiales de la llamada *institución peculiar*.

Combatiendo los discursos oficiales

Como deja claro este ejemplo, para combatir los discursos oficiales hay que prestar atención, como señala Stuart Hall, «tanto a lo que se dice como a lo que se hace». Para Hall, la importancia de la idea de lo discursivo es «resistir a la noción de que hay un materialismo que está más allá del significado. Todo está dentro de lo discursivo, pero nada es sólo discurso o sólo discursivo»[35]. El discurso no niega la existencia de la realidad material, pero hace problemático el cómo se le da sentido y cómo este sentido a menudo se traduce en efectos materiales, discernibles. Desgraciadamente, según Hall, lo que a menudo desaparece en la mayoría de apropiaciones de la noción de Foucault de lo discursivo es el papel que juegan las fuerzas sociales. El resultado final es pensar los discursos (como las ideologías) como meramente ideativos más que concretizados completamente en las estructuras de la vida cotidiana. Por consiguiente, una pedagogía y una política de la formación crítica no debe sólo forzar a los estudiantes a desafiar retóricamente y a reescribir el «consenso del sentido común», como argumenta lúcidamente Bhabha, sino también a pensar y a abordar los modos en que el sentido común queda incrustado en las estructuras materiales y las maquinarias del poder que enmarcan sus experiencias cotidianas. Una cosa es desafiar la lógica del racismo en nuestras clases, y otra es afrontar la manera en que su legado histórico ha estructurado la experiencia de la educación, aún en gran parte segregada, y la vida cotidiana. Ver la crisis del racismo meramente como una crisis de representación es situarse en una mitología social que borra la realidad material del poder y niega la necesidad de vincular el lenguaje de la crítica a la política práctica del cambio y la intervención social.

La perspicaz observación of Bhabha de que el racismo es la ideología principal de la mayoría de la gente con formación plantea otro problema interesante en relación con sus estrategias pedagógicas de negociación y traducción. La narrativa de Douglass

---

35. Cita de Stuart Hall en OSBORNE, P.; SEGAL, L. (1997): «Culture and Power: Interview with Stuart Hall». *Radical Philosophy*, n. 86 (noviembre/diciembre de 1997), p. 31.

hace problemática desde el principio la asunción de que su opresor no es consciente de las contradicciones en el corazón de la racionalidad de la esclavitud. Históricamente, la institución de la esclavitud se fundamentó en una gran variedad de formas de conocimiento –científicas, filosóficas, religiosas, estéticas, legales y económicas– para legitimarse y conseguir aprobación, principalmente demostrando la enorme inferioridad racial de los esclavizados. Estos discursos confirmaron que la raza de los amos era racional, civilizada, ecuánime, capaz de juicios morales y, por consiguiente, capaz de autodeterminación; también divulgaban el conocimiento de que las razas sometidas eran la antítesis de la raza del amo: irracionales, salvajes, lascivas, en bancarrota moral y completamente incapaces de autodeterminación. Entonces, ¿por qué se prohibió legalmente la alfabetización de los esclavos, si, a causa de su raza biológica, eran incapaces de juicio racional e indignación moral? ¿Por qué Hugh Auld, el anterior amo de Douglass, argumenta astutamente en la cita que da inicio a este capítulo que la lectura lleva a la libertad, si un esclavo por definición no puede pensar o actuar por cuenta propia? Douglass era consciente de las contradicciones que constituyen el sistema esclavista. Incluso de niño, Douglass tuvo menos problemas con la veracidad de cómo el mundo blanco construía la realidad (a pesar de lo insidioso del papel que le asignaba a él y a sí misma) que con lo que significaba luchar contra la aparente inercia histórica de sus discursos racistas, su puro peso histórico. No se somete a la lógica paralizante según la cual ningún otro discurso puede surgir ni ser escuchado; sin embargo, tiene cuidado de no equiparar la fuerza de esa narrativa con su propia contranarrativa.

Decir la verdad, en este caso, tiene sus límites. Está claro que hay mucho más en juego en el desarrollo de las posibilidades para la acción social política que en ser capaz de desafiar y revisar, por muy hábil que sea la manera, las lagunas y contradicciones en la lógica de la opresión. «Lo subalterno no es una categoría social», afirma Rosalind O'Hanlon, «sino una afirmación de poder»[36]. Ello tiene implicaciones no sólo para la cuestión de la acción social en términos del tratamiento de cómo los intereses, las inversiones y la participación «como una estructura de pertenencia» se «distribuyen con terrenos estructurados de modo especial», sino también para pensar la acción social más allá de cuestiones de identidad cultural y de cómo esas identidades se producen y adoptan a través de las prácticas de representación[37].

En otras palabras, empezamos a ver las limitaciones del compromiso de Bhabha con la política de representación, con lo que él ve como un cambio reciente en «la naturaleza misma de lo que puede ser interpretado como político, de los que podrían ser los objetos representacionales y los objetivos de transformación social»[38].

Que el racismo exista entre las personas con formación sugiere que hay algo más en juego que el que ignoren su lógica insostenible y contradictoria. Negociar el territorio de las ideologías racistas de modo pedagógico requiere estrategias de compromiso y transformación. No sólo los estudiantes necesitan entender los intereses

---

36. Cita de GROSSBERG, L. (1996): «Identity and Cultural Studies...», *Ibid.*, p. 99.
37. GROSSBERG, L. (1996): *op. cit.*, p. 100.
38. BHABHA, H. (1997): «Editor's Introduction: Minority Maneuvers and Unsettled Negotiations». *Critical Inquiry*, n. 23, p. 432.

económicos y políticos que dan forma y legitiman los discursos racistas, sino que también tienen que tratar con las fuertes inversiones emocionales que pueden conducir hasta esas creencias. Para Shoshana Felman, los educadores deben pensar sobre el papel del deseo tanto en la ignorancia como en el aprendizaje. Según Felman:

> [Enseñar] tiene que ver, no tanto con la falta de conocimiento, como con la resistencia al conocimiento. La ignorancia, sugiere Lacan, es una pasión. Dado que la pedagogía tradicional postulaba un deseo de conocimiento, una pedagogía informada analíticamente tiene que tener en cuenta la pasión por la ignorancia[39].

Felman sigue investigando sobre la naturaleza productiva de la ignorancia argumentando lo siguiente:

> Ignorancia *no es otra cosa que el deseo de ignorar: su naturaleza es menos cognitiva que ejecutiva [...] No se trata de una simple falta de información, sino de la incapacidad (o el rechazo) para reconocer la implicación de uno mismo en la información*[40].

Si los estudiantes tienen que ir más allá de la cuestión de la comprensión a un compromiso con las inversiones afectivas más profundas que les hacen cómplices con las ideologías racistas u otras ideologías opresivas, deben posicionarse para afrontar y formular estrategias de transformación a través de las cuáles sus creencias individuales puedan articularse con los discursos públicos más amplios que impulsen los imperativos de la vida pública democrática. Una pedagogía inquietante en este caso llevaría al compromiso de sus identidades desde inesperadas posiciones privilegiadas y articularía la manera en la que se conectan las relaciones de poder materiales existentes. En juego se encuentra no sólo el ejercicio pedagógico que recuerda, no sólo cómo el conocimiento, las identificaciones y las posiciones de sumisión se producen, despliegan y recuerdan, sino también cómo éstos pasan a formar parte de un proceso en marcha, más estratégico para decirlo así, en relaciones de poder existentes mediadoras/complacientes/desafiantes. No queremos sugerir con ello que las estrategias de apropiación, revisión o iteración de Bhabha no sean útiles, sino que estas estrategias no están equipadas por sí mismas para unir la laguna entre deseo, conocimiento y transformación. Lo que proporcionan es un referente ético para vivir en una sociedad democrática y multicultural (es decir, el antirracismo), que está totalmente ausente de los discursos educativos dominantes como el de Botstein y el de Showalter.

Además, el intento de Bhabha de teorizar la relación entre la formación crítica y la política de la diferencia da apoyo a una noción de «pedagogía pública» que es interdisciplinar en su alcance teórico y poético, transgresor en su desafío a la autoridad y al poder, e intertextual en su intento de conectar lo local con lo nacional y lo internacio-

---

39. FELMAN, Sh. (1987): *Jacques Lacan and the Adventure of Insight: Psychoanalysis in Contemporary Culture*. Cambridge. Harvard University Press, p. 79. Para un detallado análisis sobre las relaciones entre la educación, la literatura y el deseo, véanse KELLY, U.A. (1997): *Schooling Desire: Literacy, Cultural Politics, and Pedagogy*. Nueva York. Routledge; TODD, Sh. (1997): *Learning Desire: Perspectives on Pedagogy, Culture, and the Unsaid*. Nueva York. Routledge.
40. FELMAN, Sh. (1987): *Jacques Lacan and the Adventure of Insight: Psychoanalysis in Contemporary Culture*. Cambridge. Harvard University Press, p. 79.

nal. El proyecto subyacente a su pedagogía está enraizado en aspectos de compasión y responsabilidad social que pretenden profundizar y expandir las posibilidades para la acción crítica, la justicia racial y la vida democrática. La obra de Bhabha (rigurosa, teórica y ambivalente a propósito, y lúdica) se niega a dar respuestas fáciles a las cuestiones más centrales, urgentes y perturbadoras de nuestro tiempo. Sin embargo, es en su intento de hacer de la esperanza la base de la libertad y de la justicia social el cimiento de su pedagogía y política cultural, donde se enmarca su proyecto como abierto y autorreflexivo. La escritura de Bhabha instruye y perturba a la vez, abre un diálogo crítico pero rechaza la «arrogancia de la teoría» o de una política con garantías.

La obra de Bhabha siempre ha rechazado limitar los lugares de la pedagogía y la política a los privilegiados por los defensores de la realpolitik. Ha alentado a los educadores y a otros para que afronten el reto de la formación cultural y la acción política desde dentro de las instituciones dominantes, mientras desafían su autoridad y prácticas culturales. Para Bhabha, el contexto de esta obra exige que se haga frente a una gran paradoja de las sociedades capitalistas: la de usar la misma autoridad con que se han investido las instituciones como la enseñanza superior para nadar contracorriente. Esta acción no es una retirada de la política, como han afirmado Todd Gitlin y otros[41], sino una extensión de la posibilidad de la política para hacer visible y desafiar el trabajo de los intelectuales e instituciones dominantes que funcionan en gran medida para incapacitar la intersección de la pedagogía crítica, la política cultural y la acción social política. Al mismo tiempo, los trabajadores culturales, los educadores y demás necesitan replantear la relación entre la política de identidad y las posibilidades de transformación del yo y de lo social. En juego está la necesidad de un vocabulario crítico que reconozca la necesidad de combinar culturas varias y cambiantes de manera que defienda su particularidad y, a la vez, lo haga dentro de una defensa más amplia de la vida pública social y democrática. Ernesto Laclau sugiere con acierto que la política de la diferencia pura es el camino hacia el autoapartheid y no tendrá consecuencias a niveles más amplios de la sociedad. La política de la identidad no se puede limitar para evitar que la naturaleza específica de sus luchas entre en «relaciones de solidaridad con otros grupos y se comprometa en luchas más amplias en el ámbito de la sociedad»[42].

Si la acción social implica «las posibilidades de acción como intervenciones en los procesos por los que la realidad se transforma continuamente y el poder se representa», como afirma Lawrence Grossberg, «entonces la acción social no debe refundirse con la identidad cultural o las cuestiones epistemológicas», sino con cuestiones sobre cómo el acceso, las inversiones afectivas y los intereses se distribuyen en contextos específicos regulados dentro de estructuras de poder establecidas[43]. La acción social en este caso es algo más que la lucha por las identificaciones o una política representacional que desestabilice y perturbe el sentido común: es también un acto ejecutivo basado en los espacios y los ejercicios que conectan la vida cotidiana de las personas y sus preocupaciones con la realidad de las relaciones materiales de valores y poder.

---

41. GITLIN, T. (1995): *Twilight of Our Common Dreams*. Nueva York. Metropolitan Books.
42. Cita de Ernesto Laclau en WORSHAM, L.; OLSON, G. (1999): «Hegemony and the Future of Democracy: Ernesto Laclau's Political Philosophy». *Journal of Composition Theory*, n. 19, p. 12.
43. GROSSBERG, L. (1996): *op. cit.*, pp. 99-100.

5

Enseñar cultura con Disney[1]

*No hay nada inocuo. Los pequeños placeres, las expresiones de la vida
que parecían exentos de la responsabilidad de la reflexión,
no sólo tienen un elemento de estupidez desviada, de cruel negativa a darse cuenta,
sino que se ponen directamente al servicio de su opuesto diametral.* (Theodor Adorno[2])

Introducción

Las reflexiones de Adorno resultan particularmente adecuadas en una época en que las corporaciones multinacionales se han erigido en la fuerza motora de la cultura mediática, dificultando cada vez más el mantenimiento de lo que siempre ha sido una postura problemática: que la industria del ocio proporcione a la gente los momentos de placer y de evasión que necesitan. La cultura corporativa está reescribiendo la naturaleza de la cultura infantil, hecho que se hace patente en la progresiva difuminación de las fronteras que existían antaño entre las esferas de la educación formal y la del ocio. Para convencerse de esto basta con considerar algunos hechos significativos relacionados con el creciente interés empresarial por las escuelas como negocios rentables, la producción de material para los programas de estudio por parte de empresas de juguetes o el creciente uso del espacio escolar para hacer publicidad de bienes de consumo.

La organización y la regulación de la cultura por las grandes corporaciones mediáticas como Disney influyen profundamente en la cultura infantil y dominan cada vez más el discurso público. La concentración del control sobre los medios de producción, distribución e intercambio de información ha coincidido con la aparición de nuevas tecnologías que han convertido la cultura, sobre todo la cultura popular, en el

---

1. He desarrollado muchas de las ideas presentadas en este capítulo en GIROUX, H.A. (1999): *The Mouse that Roared: Disney and the End of Innocence*. Lanham. Rowman & Littlefield.
2. ADORNO, Th. (1974): *Minima Moralia*. Londres. New Left Books, p. 25.

principal contexto educativo a través de la cual los jóvenes aprenden sobre sí mismos, su relación con los demás y el mundo que les rodea. La industria cinematográfica de Hollywood, la televisión, las tecnologías de emisión vía satélite, Internet, los carteles, las revistas, las vallas publicitarias, los diarios, los vídeos y otros medios y tecnologías de comunicación han convertido la cultura en una fuerza fundamental en «la conformación del significado y la conducta humanos y en la regulación constante de nuestras prácticas sociales»[3]. Aunque la proliferación interminable de formas de producción mediática promete el acceso ilimitado a grandes almacenes de información, estas formas están quedando progresivamente bajo el control de un puñado de multinacionales. La parte de la industria de las comunicaciones que posee la corporación Disney es un caso aparte. Los numerosos *holdings* de Disney incluyen: el control de 20 cadenas de televisión que llegan al 25 por ciento de los hogares estadounidenses; la propiedad de más de 21 emisoras de radio y de la red radiofónica más importante de Estados Unidos, que sirve a 3.400 emisoras y abarca al 24 por ciento de todos los hogares del país. Además, Disney posee tres estudios discográficos, el noticiario Networks News de la cadena ABC en la franja horaria de mayor audiencia y cinco estudios cinematográficos. Otros *holdings* incluyen, entre otras cosas, canales de televisión y de cable, editoriales, equipos de jugadores de deportes, parques temáticos, compañías de seguros, revistas y producciones multimedia[4].

Las imágenes producidas en masa inundan nuestra vida cotidiana y condicionan nuestras percepciones y nuestros deseos más íntimos. Lo que preocupa a familiares, educadores y otros es cómo la cultura, especialmente la cultura mediática, se ha convertido en una fuerza educativa importante, por no decir primordial, en la regulación de los significados, los valores y los gustos que determinan las normas y las convenciones. Éstas ofrecen y legitiman la adopción de posturas particulares por parte de los individuos, lo que significa proclamar una identidad como varón, mujer, persona blanca, negra, ciudadana o no ciudadana, así como definir el significado de la infancia, la belleza, la verdad y el sujeto social[5]. El alcance y el impacto de las nuevas tecnologías electrónicas como máquinas docentes se pone de manifiesto en estadísticas bastante sorprendentes. Se estima lo siguiente:

El o la estadounidense medio pasa más de cuatro horas al día viendo televisión. Cuatro horas al día, 28 horas por semana, 1.456 horas al año[6].

---

3. HALL, S. (1997): «The Centrality of Culture: Notes on the Cultural Revolutions of Our Time», en THOMPSON, K. (ed.) (1997): *Media and Cultural Regulation*. Thousand Oaks, CA. Sage, p. 232.
4. Citado en una lista de holdings de Disney en «The National Entertainment State Media Map». *The Nation* (3 de junio de 1996), pp. 23-26.
5. La concentración del poder en el mercado de los medios de comunicación por parte de las corporaciones se pone de manifiesto en las cifras siguientes: «En el ámbito del cable, Time Warner y TCI [ahora At&T] controlan el 47,4% de todos los abonados; en la radio, Westinghouse, además de poseer la cadena de televisión CBS, es propietario de 82 emisoras de radio; en lo que respecta a los libros, Barnes & Noble y Borders venden el 45% de todos los libros en Estados Unidos; [...] tres estudios representan el 57% del mercado total. Por lo que se refiere a los periódicos, sólo 24 ciudades, frente a 400 hace cincuenta años, tienen dos o más periódicos». Citado en McCHESNEY, R.W.: «Global Media for the Global Economy», en HAZEN, D.; WINOKUR, J. (eds.) (1997): *We the Media*. Nueva York. The New Press, p. 27.
6. HAZEN, D.; WINOKUR, J. (eds.) (1997): *op. cit.*, p. 64.

Según la American Medical Association:
El número de horas pasadas frente a la pantalla de televisión o de vídeo representa la mayor parcela de tiempo individual en la vida incipiente de un niño o niña estadounidense[7].

Estas estadísticas generan una gran preocupación, ya que los mensajes pedagógicos proporcionados a menudo a través de los programas televisivos están elaborados en su mayoría por una industria publicitaria que mueve 130 mil millones de dólares al año y que no sólo vende sus productos, sino también valores, imágenes e identidades cuyo principal objetivo es enseñar a los jóvenes a convertirse en consumidores. Alarmada por la creciente influencia de los medios de comunicación en los niños y niñas pequeños, la American Academy of Pediatrics publicó un informe en 1999 en el que afirmaba que la influencia de la televisión en los más jóvenes constituía un problema de salud pública. El informe pedía a los familiares que no permitiesen ver la televisión a los niños y niñas menores de dos años y recomendaba que no permitiesen a los niños y niñas de más edad tener televisor en sus dormitorios[8]. Sería reduccionista no reconocer que también se ofrecen a la audiencia algunos programas excelentes, pero la gran mayoría de lo que se produce en televisión y en los grandes estudios de Hollywood tiene un nivel intelectual bajísimo, define la libertad como la capacidad de elegir del consumidor y degrada el discurso público reduciéndolo a un mero espectáculo[9].

Para las megacorporaciones y sus contrapartidas en la industria publicitaria, todo parece estar permitido cuando se trata de convertir los sueños de niños y niñas en posibles beneficios. Por ejemplo, poco después de que el equipo femenino de fútbol estadounidense ganase la Copa del Mundo en julio de 1999, los principales medios informaron de que una de las primeras cosas que hizo el equipo para relajarse después de su victoria fue visitar Disneylandia. Dentro de este discurso, la larga lucha de las mujeres por alcanzar la igualdad en los deportes en Estados Unidos se convirtió simplemente en otra estratagema publicitaria de Disney. Del mismo modo, dos días después de que el jugador de béisbol Mark McGwire proclamase su 62º cuadrangular, superando el récord de Roger Maris, se emitió un anuncio en la mayoría de cadenas de televisión en el que McGwire aparecía haciendo el cuadrangular, corriendo alrededor de las bases y cogiendo a su hijo en brazos para compartir con él la alegría de haber superado el récord. Una cámara se acercaba a McGwire, convertido en un héroe para miles de niños y niñas, con su hijo en brazos, y una voz le preguntaba: «¿Qué va ha hacer ahora?» McGwire sonreía, miraba directamente a la cámara y respondía: «Voy a llevar a mi hijo a Disneylandia».

---

7. Citado en *Ibídem.*, p. 64.
8. Véase MIFFLIN, L. (1999): «Pediatricians Urge Limiting TV Watching». *The New York Times* (miércoles 4 de agosto de 1999), pp. A1, A4.
9. El análisis de Pierre Bourdieu de la corrupción sistémica de la televisión en Francia también resulta informativo si se aplica a Estados Unidos. Véase BOURDIEU, P. (1998): *On Television.* Nueva York. The New Press. [Traducido por Priscilla Parkhust Ferguson]

Después del spot publicitario de McGwire, los principales medios de comunicación, incluidos los noticiarios de las tres cadenas de televisión más importantes, anunciaron que el encargado del campo de béisbol que había recogido la pelota con la que McGwire consiguió su récord se la devolvería a éste, y que tan generoso gesto le sería recompensado con un viaje a Disney World con todos los gastos pagados. Una vez más, Disney se las arregló para apropiarse de una imagen celebrada a nivel estadounidense para convertirla en un spot publicitario para unos empresariales.

Pero este comercialismo no se limita a la apropiación de hechos profundamente asociados en el imaginario nacional a los logros de acontecimientos deportivos famosos o de personajes heroicos del mundo deportivo como Mark McGwire, o incluso a la apropiación de celebridades como la superestrella Latrell Sprewel, el «chico malo» de los New York Nicks (que actualmente está considerando la posibilidad de participar en un proyecto con Disney)[10]. Ninguna identidad, deseo o necesidad parece escaparse a las garras de los publicistas. Por ejemplo, en la revista *The Disney Magazine* se incluyó recientemente un anuncio del muñeco de porcelana Baby Mickey. En el anuncio se veía a un bebé con un gorro en el que aparecía el logo «Disney babies». El pijama del bebé también lucía un logo de Mickey Mouse y, por si el lector aún no se había dado cuenta de qué trataba el anuncio, el bebé tenía un muñeco Baby Mickey en brazos, con «Baby Mickey» estampado en el babero. El pie de foto rezaba: «Cuando tiene a su Baby Mickey en brazos, se traslada a un mundo de ensueño»[11] El muñeco en cuestión forma parte de la colección de Ashton-Drake Galleries destinada a personas adultas, que pueden reescribir sus propias memorias sobre la niñez al estilo Disney y sucumbir al mismo tiempo a una visión comercializada de la inocencia que pueden utilizar para introducir a sus propios hijos en la versión Disney de la infancia. El anuncio recurre a la inocencia, apropiándosela en uno de sus momentos más seductores y vulnerables.

En este caso, se despoja a la inocencia de cualquier contenido sustancial para poder convertirla en una mercancía y explotarla. Disney presenta falazmente la inocencia como ese espacio psíquico intacto en donde se olvida la brutalidad del mundo y «la plenitud de la fantasía compensa de forma reconfortante, aunque patética, el vacío de la realidad»[12]. Ernest Larsen afirma que una de las virtudes de Walt era la siguiente:

> Sabía que todos creemos que somos como niños y niñas. Y sabía cómo explotar lo patético y lo cómico –pero sobre todo lo patético– de esa falsa ilusión universal de la inocencia[13].

La fábrica de fantasía de Disney utiliza la inocencia como imagen figurativa para infantilizar a los adultos, a los que está dirigida. El recurso a la fantasía en el mundo perfectamente planeado de Disney funciona de forma que, más que dar rienda suelta a la imaginación, la atrofia. No hay nada fuera de lugar en el paisaje Dis-

---

10. El acuerdo entre Disney y Sprewel se cita en RHODEN, W.C. (1999): «Long Road for a Short, Wild Season». *New York Times* (sábado 26 de junio de 1999), p. B15.
11. El anuncio aparece en *The Disney Magazine* (otoño 1998), p. 61.
12. LARSEN, E. (1998): «Compulsory Play». *The Nation* (16 de marzo de 1998), p. 31.
13. *Ibídem.*, p. 32.

ney y, bajo el emblema de comunidad, Disney, intencionadamente «mezcla lo personal con lo empresarial»[14]. En este contexto, el sujeto crítico es reemplazado por la planificación corporativa, lo que permite a Disney suprimir el conflicto, la política y las contradicciones, liberando así a las personas adultas y niños y niñas de tener que tomar decisiones aparte de las que les permiten caer en la fantasía del consumismo sin límites.

Por supuesto, la principal cuestión es que la comercialización de los medios de comunicación y de la cultura limita en general las decisiones que los niños y niñas y las personas adultas pueden tomar extendiendo su consciencia de sujetos más allá de la cultura comercial que encierra una concepción intensamente miope, narcisista y conservadora de nosotros mismos y de la sociedad. Reflexionando sobre su propio estudio acerca de la nueva ciudad de Disney, *Celebration*, Andrew Ross se plantea esta misma cuestión y señala con acierto que:

> La fiebre de privatización que ha recorrido todo el país, y gran parte del mundo desarrollado, sacrifica de forma rutinaria la justicia y la responsabilidad en el altar del rendimiento[15].

Detrás de esta noción de *fantasía* y *entretenimiento* que fomenta esa pérdida de fe en las instituciones públicas en la política participativa y democrática, hay un modelo pedagógico que incita a los que participan de la cultura Disney a convertirse en ciudadanos y ciudadanas «callados», al igual que los miembros del personal de los parques temáticos Disney, a los que se exige ser totalmente sumisos y serviciales. Jane Kuenz capta este sentimiento en la respuesta de uno de los empleados de Disney World:

> Tienes que mantener la boca cerrada. No puedes darles tu opinión. Tienes que hacer todo lo que digan. Tienes que adoptar el estilo Disney. Nunca digas nada negativo, todos es positivo, el no no existe. No puedes decir nunca «no sé»; si no sabes algo, debes pensar algo rápidamente, aunque sea por tu cuenta, después del trabajo[16].

En este tipo de modelo de regulación cultural y moral, la imagen de inocencia de Disney queda totalmente invalidada por el poder que ésta ejerce al dominar el discurso público y al debilitar las capacidades sociales y políticas que los individuos necesitan para mantener incluso las instituciones más básicas de la democracia. El discurso de la inocencia desde el punto de vista del mundo Disney es al mismo tiempo performativo y estratégico. No sólo ofrece al individuo posturas libres de conflictos, política y contradicciones, sino que ofrece también una base lógica para separar la cultura corporativa de los ámbitos del poder, la política y la ideología. Frente a este mundo de ensueño de Disney, hay que plantearse el precio que paga el público al concentrarse sólo en el placer y la diversión que las industrias culturales como Disney proporcionan, sin tener en cuenta la creciente influencia que estas industrias también ejercen en tantas otras facetas de la vida nacional y global.

---

14. KLUGMAN, K.; KUENZ, J.; WALDREP, Sh.; WILLIS, S. (1995): *Inside the mouse: Work and Play at Disney World*. Durham. Duke University Press, p. 119.
15. ROSS, A. (1999): *The Celebration Chronicles*. Nueva York. Ballantine Books, p. 310.
16. KLUGMAN, K.; KUENZ, J.; WALDREP, Sh.; WILLIS, S. (1995): *op. cit.*, p. 119.

Hay que tener presente el enorme control que un conjunto de corporaciones multinacionales ejercen sobre las diversas entidades que conforman la cultura popular y mediática: «51 de las 100 principales economías del mundo son corporaciones»[17]. Además, en Estados Unidos, los medios de comunicación están dominados por menos de 10 conglomerados, cuyas ventas anuales oscilan entre 10 y 27 mil millones de dólares. Éstos incluyen grandes corporaciones como Time Warner, General Electric, Disney, Viacom, TCI y Westinghouse. Estas empresas no sólo son los principales productores de gran parte del ocio, las noticias, la cultura y la información que inundan nuestras vidas diarias, sino que también producen «software para medios de comunicación y tienen redes de distribución como cadenas de televisión, canales por cable y tiendas al detalle»[18]. Del mismo modo, los altos cargos de estas corporaciones han amasado enormes fortunas personales, contribuyendo aún más, por una parte, a la vergonzosa disparidad de ingresos entre los directores generales de las empresas y los obreros y, por otra parte, entre la nueva elite global y el resto de la población del mundo. Por ejemplo, en 1997 el director general de Disney Michael Eisner «cobró más de 575 millones de dólares. Además de su sueldo de 750.000 dólares, Eisner solicitó una bonificación de 9,9 millones e ingresó 565 millones en *stock options*»[19]. Los directores generales de corporaciones como Michael Eisner, Bill Gates, Warren Buffett y otros forman parte de un exclusivo club internacional de 358 multimillonarios cuyos ingresos colectivos «equivalen al conjunto de los ingresos de los 2,3 mil millones de personas más pobres (el 45% por ciento de la población mundial)»[20]. Gran parte de lo que los jóvenes aprenden actualmente proviene de una pequeña elite corporativa que incluye a Eisner y Rupport Murdoch, entre otros, a quienes poco les importa lo que los jóvenes estén aprendiendo mientras se conviertan en consumidores.

El reconocimiento de que esta élite global y las corporaciones que poseen y controlan están involucradas en cada uno de los aspectos de la producción cultural –desde la producción de identidades, representaciones y textos hasta el control sobre la producción, la divulgación y la distribución de los bienes culturales– no supone un

---

17. Citado en KARLINER, J. (1998): «Earth Predators». *Dollars and Sense* (julio/agosto de 1998), p. 7.
18. Citado en McCHESNEY, R.W. (1997): *Corporate Media and the Threat to Democracy*. Nueva York. Seven Stories Press, p. 18. Existe una enorme cantidad de información detallada sobre los nuevos conglomerados globales y sus efectos en ámbitos como la democracia, la censura, la libertad de expresión, la política social, la identidad nacional y la política extranjera. Véanse, por ejemplo, clásicos como SCHILLER, H.I. (1989): *Culture Inc.: The Corporate Takeover of Public Expression*. Nueva York. Oxford University Press; HERMAN, E.S.; CHOMSKY, N. (1988): *Manufacturing Consent*. Nueva York. Pantheon; BAGDIKIAN, B.H. (1992): *The Media Monopoly*, 4.ª edición. Boston. Beacon Press; GERBNER, G.; SCHILLER, I. (eds.) (1992): *Triumph of the Image*. Boulder, Col. Westview Press; KELLNER, D. (1990): *Television and the Crisis of Democracy*. Boulder. Westview Press; SCHLESINGER, Ph. (1991): *Media, State and Nation*. Londres. Sage; FISKE, J. (1994): *Media Matters*. Minneapolis. University of Minnesota Press; COHEN, J.; SOLOMON, N. (1995): *Through the Media Look Glass*. Munroe, Maine. Common Courage Press; BARNOUW, E. (1997): *Conglomerates and the Media*. Nueva York. The New Press.
19. Citado en MOKHIBER, R.; WEISSMAN, R. (1999): *Corporate Predators: The Hunt for Mega-Profits and the Attack on Democracy*. Munroe, ME. Common Courage Press, p. 167.
20. Citado en BAUMAN, Z. (1998): *Globalization: the Human Consequences*. Nueva York. Columbia University Press, p. 70.

planteamiento nuevo para los teóricos de los estudios culturales. Pero lo que ha faltado en estos estudios ha sido un análisis del papel educativo que dichas corporaciones desempeñan al fomentar una pedagogía pública que utiliza, como ha apuntado Raymond Williams, la fuerza educativa de todas sus instituciones, recursos y relaciones para enseñar activamente y en profundidad una noción de ciudadanía totalmente privatizada[21]. Demasiado a menudo en los parámetros de esta pedagogía pública, el consumo es la única forma de ciudadanía que se ofrece a niños y niñas, y la democracia se privatiza mediante el énfasis en el individualismo egoísta, los bajos niveles de participación en la vida política y la disminución de la importancia de las esferas públicas no mercantilizadas.

A continuación, voy a tratar sobre algunas implicaciones teóricas y políticas para centrarme en las corporaciones como «máquinas docentes» que se dedican a una forma particular de pedagogía pública. En este contexto, haré hincapié específicamente en la corporación Disney y lo que denominaré su *discurso de la inocencia* como principio definitorio para estructurar su pedagogía pública de comercialismo dentro de la cultura infantil.

Disney y la política de la inocencia

En la última década, el auge del poder empresarial y su expansión a todos los ámbitos de la vida cotidiana ha crecido a pasos agigantados[22]. Uno de los ejemplos más visibles de este crecimiento es el papel cada vez más importante desempeñado por The Walt Disney Company en la conformación de la cultura popular y la vida cotidiana dentro y fuera de los Estados Unidos. Disney es un modelo ejemplar de la nueva cara del poder corporativo a principios del siglo XXI. Al igual que muchas otras megacorporaciones, se concentra en la cultura popular y amplía continuamente su alcance para incluir no sólo parques temáticos, sino cadenas de televisión, películas, cruceros, equipos de jugadores de béisbol y de hockey, teatros de Broadway y un programa de radio para niños y niñas. Lo que es único en Disney, a diferencia de Time Warner o Westinghouse, es que su marca comercial es prácticamente sinónima del concepto de *inocencia infantil*.

Como icono de la cultura estadounidense y de los valores familiares de la clase media, Disney recurre activamente tanto a las preocupaciones de los familiares como a las fantasías de niños y niñas, trabajando duro para convertir a cada niño en un consumidor vitalicio de productos e ideas Disney. Ante este panorama, se advierte una contradicción entre el salvaje *ethos* comercial de Disney y una cultura Disney que se presenta como símbolo de virtud y de inocencia infantil.

Disney ha basado su reputación tanto en la rentabilidad como en un ocio sano. Prescindiendo en gran medida de los aspectos depoder, política e ideología, abraza

---

21. WILLIAMS, R. (1989): *The Politics of Modernism*. Londres. Verso Press.
22. Se pueden encontrar dos comentarios críticos recientes en McCHESNEY, R.W. (1997): *Corporate Media and the Threat to Democracy*. Nueva York. Seven Stories Press; BARNOUW, E. y otros (1997): *Conglomerates and the Media*. Nueva York. The New Press.

una imagen propia asociada a la magia de los cuentos de hadas y a Main Street, USA. Pero esto es sólo la retórica calculadora de una corporación gigante cuyos ingresos anuales en 1997 y 1998 superaron los 22 mil millones de dólares gracias a su capacidad para fabricar, vender y distribuir cultura a escala global, lo que la convierte en el icono de ocio más poderoso del mundo[23].

Michael Ovitz, un antiguo ejecutivo de Disney, refiriéndose al enorme poder que ostenta dicha corporación, da en el clavo al afirmar que:

Disney no es tanto una empresa como un estado-nación con sus propias ideas y actitudes, a las que te tienes que ajustar[24].

La imagen de Disney como potencia política y económica que fomenta una cultura y una ideología específicas choca claramente con una imagen de relaciones públicas que muestra a la empresa como una entidad que promete a los jóvenes que hará realidad sus sueños a través de los placeres de un ocio sano. La contradicción entre la política que utiliza Disney para crear su cultura y el reclamo que emplea para construir e influenciar la cultura infantil es inquietante y problemática. Pero el hecho de responsabilizar a Disney por los métodos que utiliza para conformar los deseos y las identidades de niños y niñas adquiere mayor importancia a medida que dicha corporación se presenta, cada vez más, no sólo como un proveedor de ocio y entretenimiento, sino también como una fuerza política en lo que respecta al desarrollo de modelos educativos que influyen en la educación de los jóvenes en las escuelas públicas, un ámbito reservado tradicionalmente al desarrollo crítico e intelectual de los niños/as, lejos de la influencia de la implacable fascinación de la cultura del consumo.

Disney ha otorgado un nuevo significado a la política de la inocencia como narrativa para conformar la memoria pública y para producir «un cuerpo general de identificaciones»[25], que hace difusión de una versión idealizada y saneada de la historia norteamericana. La inocencia también sirve como herramienta retórica para limpiar la imagen de Disney de la influencia desagradable del comercio, la ideología y el poder. En otras palabras, la asociación estratégica de Disney con la infancia, un mundo desprovisto de contradicciones y libre de política, constituye no sólo el reclamo básico de sus parques temáticos y sus películas, sino que también proporciona un modelo para definir la cultura empresarial al margen de la influencia del poder corporativo. Así pues, Michael Eisner, presidente de The Walt Disney Company, cae en la contradicción cuando repite que la postura de la empresa se basa sólo en dar a los niños y niñas lo que quieren o cuando recurre a la retórica de la inocencia afirmando que su cargo de director general es como estar al mando de una gigantesca tienda de juguetes[26]. Estos comentarios van

---

23. Cifras extraídas de EISNER, M.D. (1997): «Letter to Shareholders». *The Walt Disney Company 1997 Annual Report*. Burbank, CA. The Walt Disney Company, p. 2. Por lo que respecta al año 1998, véase RUBLIN, L.R. (1999): «Cutting Back the Magic». *Barron's* (26 de julio de 1999), p. 28.
24. Michael Ovitz citado en BART, P. (1996): «Disney's Ovitz Problem Raises Issues for Showbiz Giants». *Daily Variety* (16 de diciembre de 1996), p. 1.
25. BURKE, K. (1962): *A Rhetoric of Motives*. Berkeley, CA. University of California Press, p. 26.
26. EISNER, M.D. (1997): «Letter to Shareholders». *The Walt Disney Company 1997 Annual Report*. Burbank, CA. The Walt Disney Company, p. 5.

mucho más allá de la simple falsedad. Sólo hay que considerar la reciente batalla legal entre Michael Eisner y su ex-empleado Jeffrey Katzenberg. Eisner no sólo se mostró mezquino e inflexible al tratar con un colega como Katzenberg, al que antiguamente llamaba «el enanito», sino que las actas judiciales documentadas indicaban que «Disney estaba falseando a la baja los ingresos y exagerando los gastos sistemáticamente de cara a sus socios creativos» de la industria cinematográfica y televisiva[27].

Dada la divulgación pública de la codicia y los engaños de las corporaciones, el recurso de Disney a los valores más tiernos y amables asociados con el bueno de Walt aparecen sencillamente como deshonestos. Pero aún hay cosas peores. Detrás de la retórica de la inocencia está la realidad de una corporación que, según declaran Charles Kernaghan y el National Labor Committee, utiliza empresas subcontratadas para producir las prendas de ropa y los juguetes Disney en países no sólo vinculados a dictaduras militares, sino en los que, además, se emplea con conocimiento de causa a mano de obra infantil. El mito de la inocencia y la diversión resultan aún más insidiosos ante el siguiente hecho: según Russel Mokhiber y Robert Williams, en los últimos años Disney ha subcontratado la producción de sus «prendas de ropa y juguetes a fábricas de Haití, Birmania, Vietnam, China y otros países en donde se explota a los trabajadores»[28]. Por ejemplo, una de las empresas subcontratadas en Vietnam por Disney paga a los aproximadamente 1.000 obreros de su fábrica «entre seis y ocho centavos por hora, muy por debajo del sueldo de subsistencia, que se sitúa en 32 centavos por hora»[29]. En Haití, los trabajadores producen pijamas de Mickey Mouse, camisetas de Pocahontas, el Pato Donald, el Rey León y sudaderas del Jorobado de Notre-Dame cobrando 38 centavos por hora, o 3,30 dólares al día[30].

Estas contradicciones me parecieron aún más flagrantes cuando entré, en un día caluroso de agosto de 1999, en un Disney Store de Chicago, situado en la famosa «Milla magnífica» de Michigan Avenue.El exterior de la tienda –una de las más recientes a añadir al arsenal de establecimientos minoristas de Disney– estaba cubierto con más de 180 pares de orejas de ratón inspiradas en los diseños del célebre arquitecto de Chicago Lewis Sulliven. Poco después de la apertura de la tienda, Blair Kamin, el crítico de arquitectura del Chicago Tribune, declaró:

El Disney Store [...] es un ejemplo pequeño pero significativo sobre cómo Estados Unidos se está convirtiendo en un paisaje de imitaciones estudiadas que degradan la propia historia a la que pretenden rendir homenaje[31].

Cuando entré en el establecimiento, estaba rodeado por personas de clase media bien vestidas, muchas de ellas con ropa Disney, y casi todas con una bolsa de compra con un personaje de dibujos animados de Disney estampado. Rodeado por al-

---

27. Citado en BART, P. (1992): «The Mouse Mess». *GQ* (agosto de 1999), p. 82.
28. MOKHIBER, R.; WEISSMAN, R. (1999): *Corporate Predators*. Munroe, ME. Common Courage Press, p. 168.
29. *Ibídem.*
30. SANCHES, R. (1996): «»Misery» for Haitian Workers». *Newsday: The Long Island Newspaper* (domingo 16 de junio de 1996), pp. A40-A30.
31. KAMIN, B. (1999): «Faking History». *Chicago Tribune* (jueves 5 de agosto de 1999), p. 1B, sección 5.

gunas de las tiendas de moda y de los grandes almacenes más caros de Norteamérica, el Disney Store saluda a los potenciales consumidores con un lema de Walt grabado en piedra blanca pulida cerca de la entrada. El lema reza:

> Las cosas que tenemos en común son mucho más numerosas e importantes que las que nos separan.

No estoy seguro de lo que Walt debía estar pensando, pero el principio unificador presente en la tienda, intentando proporcionar un objetivo común a todos sus visitantes, es la lógica del consumismo. Cada espacio, anuncio, artículo o símbolo del Disney Store exhorta a sus visitantes a comprar algo, como por ejemplo copas para vino, tazones, relojes y mesas Disney grabadas con el logo de Mickey Mouse. La ropa, los animales de peluche, los álbumes de fotos y cualquier otro artículo más o menos inútil de los que hay en la tienda, incluyendo la pasta italiana tricolor Pooh, tiene un precio excesivo en comparación con el trabajo que cuesta producir dichos productos. Las camisas del Pato Donald se venden a 36 dólares, lo que representa el salario de una semana de los trabajadores haitianos que las fabrican. Y además, ¿quién va a llevar una camisa Disney sin accesorios? En ese caso, los trabajadores haitianos deberían pensar en invertir siete semanas de salario para comprarse un accesorio habitual como el reloj de Mickey Mouse, que cuesta 200 dólares. Quizá en un futuro los precios bajen, o los trabajadores cobren aún menos, ya que las tiendas Disney pierden dinero desde 1998[32], aunque no hay ningún indicio de ello en el Disney Store de Michigan Avenue.

La imagen promocional de los grandes almacenes de juguetes de Eisner no sólo está empañada por la explotación de los trabajadores, el empleo de mano de obra infantil y el bombardeo comercial al que se somete a los niños y niñas. También está manchada por las prácticas laborales a menudo hostiles y degradantes soportadas por los trabajadores norteamericanos de Disney, que consisten en relaciones laborales programadas de principio a fin y supervisadas, en parte, por espías e informadores contratados (conocidos como compradores) que contribuyen a la imposición de una «cultura de generación mutua de desconfianza y dependencia»[33]. Eisner, además, se obstina en no asumir la responsabilidad por el papel que desempeña Disney al subyugar las identidades y los deseos de los niños y niñas a la esfera en expansión constante del consumo; por falsear la memoria pública para reconstruir un pasado de Norteamérica según su propia imagen; y por establecer límites a la vida pública democrática a través de la influencia y el control que ejerce en los medios de comunicación y de su creciente presencia en las escuelas. La educación nunca es inocente, porque siempre parte de una concepción específica de *ciudadanía, cultura* y *socie-*

---

32. Las acciones de Disney han sido las de peor rentabilidad en el índice industrial Dow Jones durante el pasado año, desde agosto de 1998 a agosto de 1999, según el artículo escrito por RUBLIN, L.R.: «Cutting Back the Magic». *Barron's* (26 de julio de 1999), pp. 27-30.
33. KLUGMAN, K.; KUENZ, J.; WALDREP, Sh.; WILLIS, S. (1995): *op. cit.*, p. 125. En KUENZ, J.: «Working at the Rat», en KLUGMAN; KUENZ; WALDREP; WILLIS, *op.cit.*, pp. 110-161, hay un capítulo excelente sobre las relaciones de Disney con sus trabajadores de Disney World.

dad y, sin embargo, lo que se ha convertido en la característica definitoria de la cultura y la pedagogía Disney es precisamente el recurso a la inocencia.

El apego de Walt Disney Company al reclamo de la inocencia le proporciona una base tanto para reafirmar su compromiso con la felicidad de los niños y niñas como para quitarle importancia a cualquier valoración crítica del papel que desempeña Disney como potencia corporativa benevolente que sentimentaliza la inocencia infantil al mismo tiempo que la mercantiliza. Despojada de las interpretaciones históricas y sociales que le dan significado, la inocencia se convierte, en el universo Disney, en un espacio en donde el tiempo, la historia, la política y las teorías no existen, y en donde los niños comparten un vínculo común libres de los problemas y conflictos de la sociedad adulta.Disney comercializa este ideal y se presenta a sí mismo como un padre corporativo que salvaguarda este espacio protector para niños y niñas suministrando de forma mágica las fantasías que lo alimentan y lo mantienen vivo. Michael Eisner no sólo reconoce la importancia primordial de la inocencia para el éxito de Disney, sino que reafirma la postura pública original de la empresa, que se basa en que la inocencia está de alguna manera fuera del alcance de la sociedad adulta, y que sólo Disney proporciona la economía psíquica a través de la cual los niños pueden expresar sus fantasías infantiles. Él mismo comenta:

> La atracción específica de Disneylandia, de las películas y los productos Disney –destinados al ocio familiar– proviene de la atracción contagiosa que ejerce la inocencia [...]. Obviamente, los personajes de Disney tocan la fibra sensible universal de los niños y niñas, quienes comparten la inocencia y la franqueza antes de que sus respectivas sociedades les moldeen completamente[34].

Este comentario de Eisner es importante porque sugiere ahora que la cultura Disney, más que conformar, refleja una versión específica de la inocencia y la subjetividad infantiles. En las declaraciones de Eisner hay pocas cosas que insinúen que Disney ha considerado siempre a los niños y niñas como un mercado increíblemente productivo que alimenta los beneficios de la empresa y que el viejo Walt Disney comprendió perfectamente la atracción de la inocencia como mecanismo universal para explotar el ámbito de las fantasías infantiles en su «incansable búsqueda de nuevas imágenes para vender»[35]. El viejo Walt quizá tuviese las mejores intenciones por lo que respecta a hacer felices a los niños y niñas, pero tenía pocas dudas sobre el enorme potencial comercial que suponen los más jóvenes.

La inocencia desempeña un papel complejo en el intento de Disney por comercializar su propia imagen al público norteamericano. La *inocencia* no sólo asocia a Disney con una noción sentimental de *fantasía infantil,* sino que funciona también como concepto fundamental de regulación moral y como parte de una política de distorsión histórica. Una reflexión un poco más profunda sobre esta estrategia dual revela que en el orden moral de Disney la inocencia «se presenta como la verdad más absoluta»[36],

---

34. EISNER, M. (1995): «Planetized Entertainment». *New Perspectives Quarterly,* n. 12 (otoño de 1995), p. 9.
35. WALLACE, M. (1996): *Mickey Mouse History.* Philadelphia. Temple University Press, p. 170.
36. ROJECK, Ch. (1993): «Disney Culture». *Leisure Studies,* n. 12, p. 121.

la cual, liberada de problemas, se puede utilizar con gran fuerza e influencia para legitimar el espectáculo del entretenimiento como una fantasía de escape. Además, la inocencia se convierte en un patrón ideológico y educativo a través del cual Disney divulga ideas y valores conservadores como «premisas de una forma particular e histórica de orden social», normativas y preestablecidas[37]. Reconocer que Disney ha apostado políticamente por crear un orden moral específico favorable a sus intereses comerciales plantea interrogantes fundamentales sobre qué es lo que enseña para producir los significados, los deseos y los sueños a través de los cuales intenta inscribir tanto a los más jóvenes como a las personas adultas en la visión del mundo de Disney.

Cómo hacer que lo político sea más pedagógico

Aunque hago hincapié en Disney por su intención específica de disfrazar su agenda empresarial con reclamos relacionados con la diversión, la inocencia y la pureza, no se puede desestimar la gravedad de la amenaza que supone para una democracia vibrante que Disney y otras corporaciones posean la mayor parte de los medios de comunicación y ejerzan un control sobre la información. Con esto no quiero decir que Disney esté involucrada en una conspiración para arruinar la juventud norteamericana o la democracia en todo el mundo. Tampoco quiero decir que Disney forme parte de un imperio pérfido incapaz de proporcionar alegría y entretenimiento a los millones de niños y niñas y personas adultas que visitan sus parques temáticos, ven sus vídeos y películas o compran los productos de sus tiendas de juguetes. Por el contrario, la principal cuestión aquí es que ahora este entretenimiento se produce en condiciones:

[...] en que los medios de comunicación se han convertido en un espacio crítico para la articulación de un cambio intelectual de gran envergadura en el ámbito del discurso público [...] en el que los sistemas de fijación de precios han pasado ahora a influir sobre cualquier problema, en cualquier momento y en cualquier lugar[38].

En otras palabras, los conglomerados mediáticos como Disney no están produciendo meramente entretenimiento inofensivo, nuevas historias desinteresadas o un acceso ilimitado a la era de la información; ni tampoco están al margen del ámbito del poder, la política y la ideología. Y el reconocimiento del placer que proporciona Disney no debe impedirnos ver que hay algo más que producción de entretenimiento y diversión.

Tampoco quiero decir que el efecto que ejercen las películas, las emisoras de radio, los parques temáticos, las revistas y otros productos de Disney sea el mismo para todos los que están expuestos a ellos. Disney no es un sistema cerrado de convenciones formales inalterables. La cultura Disney, como todas las formaciones culturales, está plagada de contradicciones; en lugar de ver el imperio Disney como algo monolítico, es importante señalar que dentro de la cultura Disney hay momentos y placeres potencialmente subversivos.

---

37. CORRIGAN, Ph.; SAYER, D. (1985): *The Great Arch.* Londres. Basil Blackwell, p. 4.
38. MILLER, T.: *Technologies of Truth.* University of Minessota Press, p. 90.

De hecho, en cualquier planteamiento para estudiar Disney hay que considerar por qué tantos niños y niñas y personas adultas adoran el mundo Disney y viven sus parques temáticos, sus juegos y sus oportunidades de viaje como una evasión que les permite aventurarse más allá del presente, dando rienda suelta a sus sueños y esperanzas no realizados. Para las personas adultas, los parques temáticos de Disney ofrecen una invitación a la aventura, un respiro para descansar de la monotonía del trabajo y una oportunidad para escapar de la alienación y el aburrimiento de la vida diaria. Como señala Susan Willis, Disney invita a las personas adultas a construir una nueva concepción del sujeto basado en la alegría y la felicidad mediante la participación activa en sus propios placeres, ya sea una boda, la aventura de un crucero en barco o un fin de semana en el Disney Institute. La utilización por parte de Disney del reclamo del placer y del «niño que todos llevamos dentro» también está enraizada en una historia que abarca las vidas de muchos norteamericanos de la generación del *baby boom*. Estas personas adultas han crecido con la cultura Disney y a menudo «descubren alguna asociación nostálgica con [su] infancia» cuando entran dentro del aparato cultural de Disney. En este sentido, Disney se puede considerar como una «inmensa máquina de nostalgia cuyo montaje y cuyas atracciones específicas están codificadas generacionalmente para tocar la fibra sensible de las diversas categorías de edad de sus huéspedes»[39].

Del mismo modo, el poder de Disney radica, en parte, en su capacidad para explotar las esperanzas perdidas, los sueños frustrados y el potencial utópico de la cultura popular.

El recurso de Disney a la relación entre la fantasía y los sueños resulta aún más poderoso en el marco norteamericano actual, en el que el cinismo se ha convertido en una constante. La invitación de Disney a un mundo en donde «reinan la alegría y la diversión» no sólo invoca el deseo utópico y la promesa de unas vacaciones felices, sino que ofrece también un intenso sentido de lo extraordinario dentro de lo ordinario, un potente antídoto incluso para las formas más radicales de pesimismo. Pero al mismo tiempo la utopía de Disney apunta más allá de lo ofrecido, aunque permaneciendo firmemente dentro de sus límites. Como ha manifestado Ernst Bloch, los deseos genuinos aquí se sienten al principio, pero a menudo se desvían hacia elementos de nostalgia, diversión e inocencia infantil que abaratan al sueño utópico de «algo más» –lo que va más allá de lo que puede ofrecer una sociedad obsesionada por el mercado y la explotación comercial[40]. Y sin embargo, incluso en esta «satisfacción engañosa»[41] existen contradicciones en lo que respecta a cómo las personas adultas perciben la cultura Disney que refleja una combinación de placer e irritación, de subordinación y resistencia, de implicación afectiva genuina y de identificaciones pasi-

---

39. Ambas citas están extraídas de WILLIS, S. (1995): «Problem With Pleasure», en WILLIS, S. y otros: *Inside the Mouse: Work and Play at Disney World*. Durham. Duke University Press, p. 5.
40. Véase BLOCH, E. (1988): *The Utopian Function of Art and Literature*. Cambridge. MIT Press. [Traducido por Jack Zipes y Frank Mecklenburg]; BLOCH, E. (1986): *The Principle of Hope*, vol. 1. Cambridge. MIT Press. [Traducido por Neville Plaice, Stephen Plaice y Paul Knight]
41. Ernest Bloch citado en RABINACH, A. (1977): «Unclaimed Heritage: Ernst Bloch's Heritage of Our Times and the Theory of Fascism». *New German Critique* (primavera de 1977), p. 8.

vas. Por ejemplo, la invitación de Disney a las parejas adultas a experimentar los placeres de la aventura romántica, la escapada al supuesto renacer del deseo y el placer sensuales que representan unas vacaciones en uno de los parques temáticos de Disney, está minada por la realidad de un entorno totalmente séptico, demasiado homogéneo y completamente regulado y controlado. Y sin embargo, esta apelación a lo exótico del paisaje Disney contiene un elemento utópico que sobrepasa la realidad de los espacios comercializados producidos por Disney en donde tales deseos encuentran su origen, aunque también su final, en una promesa fraudulenta de satisfacción.

No hay víctimas pasivas en este guión, y muchos de los textos de Disney se prestan a lecturas opuestas. Pero, al mismo tiempo, el potencial de lecturas subversivas, el reconocimiento de la compleja interacción del sujeto, o la mezcla de alienación y placer que la industria cultural fomenta, no anulan el poder que tiene una corporación como Disney para monopolizar los medios de comunicación y saturar la vida cotidiana con sus propias ideologías. Aunque es cierto que la gente filtra lo que ve, compra, lleva puesto y consume, y da diferentes significados a los textos y productos que producen las empresas como Disney, resulta fundamental que cualquier intento de abordar la relación entre cultura y política no se detenga en dicho reconocimiento, sino que investigue tanto sus límites como su influencia, especialmente por lo que respecta a los niños y niñas de 3 a 8 años[42]. Por lo tanto, es fundamental que cualquier explicación e interpretación de la cultura Disney no se vea como estática o universal, sino que se conciba como un intento pedagógico de poner en tela de juicio los diferentes significados e interpretaciones de sentido común que los estudiantes otorgan a su encuentro con la cultura Disney en sus diversas manifestaciones.

Concebir la pedagogía públicade Disney como una forma de política cultural sirve para plantear a los lectores una serie de cuestiones que les permitan interrogarse sobre qué representa Disney de una forma en la que podrían no haber pensado nunca y para hacer añicos las presuposiciones de sentido común sobre los objetivos declarados por Disney de fomentar la diversión y los juegos y proteger la inocencia de la infancia. En resumen, la finalidad de este tipo de proyecto es desafiar e ir más allá de la acusación de que los críticos culturales que adoptan una postura crítica respecto a Disney o apuestan por una interpretación específica de lo que representa la cultura Disney no tienen en cuenta otras lecturas posibles de los textos de Disney o de que «se limitan a hacer diatribas con pretensiones de superioridad moral contra una interminable letanía de "ismos"»[43].

---

42. Aquí invoco el argumento de Meghan Morris en el que afirma que el error clave de los estudios culturales es la identidad narcisista que se establece «entre el sujeto conocedor de los estudios culturales y un sujeto colectivo, la «gente»». En este discurso la gente «no tiene necesariamente características definitorias, excepto una indomable capacidad para filtrar las lecturas, generar nuevas interpretaciones y reelaborar los materiales de la cultura [...]. Así, frente a la fuerza hegemónica de las clases dominantes, la 'gente' representa, de hecho, a las energías y funciones más creativas de la lectura crítica. Al final no son sólo el objeto de estudio de los estudiosos culturales, [sino] sus informadores innatos. La gente constituye también el emblema alegórico y textualmente delegado de la propia actividad de los críticos». Véase MORRIS, M. (1988): «Banality in Cultural Studies». *Discourse* (primavera-verano de 1988), p. 17.
43. Se puede encontrar un ejemplo clásico de este tipo de crítica en BUCKINGHAM, D. (1997): «Dissin' Disney: Critical Perspectives on Children's Media Culture». *Media, Culture and Society*, vol. 19, p. 290.

De hecho, la cuestión real quizá no radique en una rigidez ideológica por parte de los críticos culturales progresistas o su fracaso a asignar múltiples interpretaciones a los textos de Disney, sino en cómo leer las formas culturales cuando se articulan con un enorme conjunto compuesto por otros textos, ideologías y prácticas. Puede que la manera como las audiencias interpretan los textos de Disney no sea tan significativa como la manera en que algunas ideas, significados y mensajes adquieren, en determinadas condiciones políticas, unas mayores connotaciones de representación de la realidad que otras, y la manera en que estas representaciones adoptan la fuerza de la ideología haciendo un llamamiento al sentido común y dando forma, al mismo tiempo, a las estrategias y los programas políticos que están al servicio de intereses muy específicos, como la aprobación de la Ley de telecomunicaciones de 1996 en Estados Unidos o el desarrollo de acuerdos entre escuelas y empresas.

Para algunos teóricos culturales, la fuerza de los textos de Disney radica en el potencial para el entretenimiento y las múltiples lecturas –fuera del ámbito de la ideología– que proporcionan a las diversas audiencias.

Por supuesto, reconocer que la recepción es una parte integrante de cómo se produce el significado y que el proceso de conferir significado no se puede especificar por adelantado es una observación perspicaz, pero no elimina por defecto el desmesurado poder que las megacorporaciones como Disney tienen para controlar el conjunto de significados que circulan en la sociedad. Existe una diferencia entre formaciones políticas, que implican una mezcla de fuerzas institucionales e ideológicas, y métodos de lectura (intentando siempre ser más riguroso que los estudios de cariz positivista sobre los efectos de los medios de comunicación) que nos recuerda que las relaciones entre determinaciones y efectos son problemáticas.

En este mismo sentido, Edward Said hace una observación importante sobre la relación entre método y política cuando insiste en que algunos teóricos:

[...] han caído en la trampa de creer que el método es soberano y puede ser sistemático, sin reconocer también que el método siempre forma parte de algún conjunto más amplio de relaciones dirigido y determinado por la autoridad y el poder [44].

Según Said, las fuerzas de la producción y de la recepción cultural no son iguales; lo que supone plantear de forma muy diferente la manera cómo pensamos la relación entre política, poder y pedagogía al vincular estos dos modos de intervención. Centrarse en cómo los individuos interpretan y filtran los diferentes mensajes, productos y prácticas sociales o se resisten a ellos no anula la concentración de poder que los produce, ni tiene en cuenta las implicaciones históricas, culturales e institucionales más amplias que a menudo otorgan privilegios a textos con intenciones y significados específicos. Este método tampoco sugiere que uno, de hecho, se esté basando en un proyecto que adopta una postura en contra de las formas específicas de dominación, intentando así fomentar las relaciones democráticas y pluralizar las esferas públicas democráticas . ¿En contra de qué está realmente la celebración de un

---

44. SAID, E.W. (1983): *The World, the Text and the Critic.* Cambridge. Harvard University Press, p. 169.

método, incluida la investigación de la audiencia (en sus diversas manifestaciones)? ¿A qué se opone? ¿Cuál es el proyecto que le da significado? Y esta apelación al método ¿cómo aborda la creciente concentración del poder político y económico y el amplio espectro de textos, instituciones y prácticas sociales que corporaciones como Disney reproducen eficazmente?

Aún así, no se puede ignorar la manera como las personas filtran los textos, producen diferentes lecturas de las diversas formas culturales y se dejan llevar por el placer de diversos aspectos de la cultura Disney. La manera como el público utiliza los textos culturales de Disney para dar sentido a sus vidas, o la manera en que estos textos movilizan los placeres, las identificaciones y las fantasías que conectan a las audiencias con los aspectos más amplios que constituyen sus vidas, son asuntos cruciales que hay que tratar para comprender cómo los medios de comunicación desempeñan su labor pedagógica sin reducir a los receptores a víctimas pasivas[45]. Sin embargo, las maneras en que los mensajes, productos y convenciones influyen en las audiencias es algo que debe dejarse abierto a la investigación de intervenciones etnográficas y/o prácticas pedagógicas específicas. De nada sirve, ideológica o políticamente, limitarse a pronunciar lo que Disney significa, como si con eso bastara. Yo propongo un planteamiento muy distinto sobre Disney, que hace hincapié en lo pedagógico y lo contextual mediante la formulación de preguntas sobre Disney –como qué papel desempeña en la conformación de la identidad infantil, la memoria pública, la identidad nacional y los roles de género o en la determinación de a quién hay que considerar estadounidense o no o cuál es el papel del consumismo en la sociedad norteamericana– que amplíen el alcance de las indagaciones de manera que las personas puedan entablar una discusión de una forma que normalmente no se hubiera dado.

Disney debe abordarse como un discurso público y esto significa ofrecer un análisis que obligue a confrontar el discurso cívico con la cultura popular. Este enfoque representa tanto una intervención pedagógica como una manera de reconocer los contextos cambiantes en que cualquier texto debe entenderse y abordarse.

Cuestionar lo que enseña Disney forma parte de una indagación mucho más amplia sobre qué necesitan saber los familiares, los niños, los educadores y otros trabajadores culturales para poder criticar y poner en tela de juicio, en caso necesario, las fuerzas institucionales y culturales que tienen un impacto directo en la vida pública. Esta indagación se revela aún más importante en una época en que las corporaciones poseen un poder desmesurado para transformar la cultura infantil con un empeño fundamentalmente comercial, utilizando sus diversas tecnologías culturales como máquinas docentes para mercantilizar y homogeneizar implacablemente todos los aspectos de la vida cotidiana, y suponiendo así una amenaza potencial a las verdaderas libertades asociadas a una democracia sustantiva. Pero cuestionar lo que enseñan las megacorporaciones como Disney significa también apropiarse de las ideas, prácticas e imágenes más contestatarias y potencialmente subversivas que hay en sus diversas producciones culturales.

---

45. Esta cuestión se plantea de forma interesante en SILVERSTONE, R. (1999): «So Who Are These People». *Sight and Sound,* n. 9 (mayo de 1999), pp. 28-29.

Lo que Disney enseña no pueden desvincularse de una serie de cuestiones ámplias importantes:
- ¿Qué significa hacer que el público comprenda cómo funcionan las corporaciones?
- Si los medios de comunicación predominantes constituyen el principal foro público para la educación y el intercambio, ¿qué papel debe desarrollar la política cultural al abordar las posibles relaciones que pueden existir entre las corporaciones y la vida pública en el siglo XXI?
- ¿Cómo pueden los teóricos de los estudios culturales vincular la pedagogía pública a una concepción crítica y democrática de ciudadanía?
- ¿Cómo pueden los distintos trabajadores culturales desarrollar formas de educación crítica que permitan a jóvenes y personas adultas concienciarse y plantearse interrogantes sobre los medios de comunicación como gran fuerza política, pedagógica y social?
- ¿Qué papel pueden desempeñar las escuelas públicas y la educación universitaria en lo que respecta a proporcionar las capacidades, los conocimientos y la motivación necesarios para afrontar la amenaza de subordinación de los valores democráticos a los valores de mercado que supone la cultura comercial?
- ¿Dónde puede ser útil la política cultural para desarrollar múltiples esferas democráticas en las que niños y niñas y personas adultas puedan desarrollar las pedagogías, las relaciones y los discursos necesarios para defender las instituciones sociales vitales como un bien público?
- Dicho claramente, ¿cómo pueden los trabajadores culturales de diversos ámbitos unirse para crear visiones, valores y relaciones sociales fuera de la lógica limitada del mercado?

Como mínimo, este proyecto sugiere que los trabajadores culturales reflexionen más sobre la importancia de la pedagogía pública como proyecto político fundamental, y sobre cómo dicho proyecto puede incorporarse como principio *definitorio de la política cultural* para ofrecer a los estudiantes y a las demás personas la oportunidad de aprender a utilizar y a leer de forma crítica las nuevas tecnologías mediáticas y sus diversas producciones culturales, como prácticas pedagógicas diseñadas para garantizar identificaciones y deseos específicos al servicio de una noción privatizada de ciudadanía y de democracia. Para organizar la democratización de los medios de comunicación y la comprensión de estos por parte de una ciudadanía participativa, también es necesario involucrarse en la difícil tarea política y pedagógica de abrir las corporaciones como Disney al debate público y al diálogo crítico[46].

---

46. En otro registro político, fomentar la cultura pública democrática significa trabajar duro para conseguir organizar los movimientos laborales y sociales progresistas de forma que se unan para forjar nuevas asociaciones, aunando algunos de sus recursos intelectuales y materiales con el fin de crear esferas públicas alternativas en las florezcan las identidades, las relaciones y los valores democráticos y en las que se puedan ofrecer múltiples puntos de resistencia a una industria cultural como Disney en donde el recurso a la inocencia, la felicidad y la unidad parece «transformarse en una prohibición de pensarse». ADORNO, Th.W. (1998): *Critical Models*. Nueva York. Columbia U.P., p. 290.

La presencia abrumadora de Disney dentro y fuera de los Estados Unidos nos recuerda que la batalla cultural es fundamental para la lucha sobre el significado y el poder institucional y que para que el aprendizaje sea significativo, crítico y liberal, no puede dejarse vencer ni por los dictados de las elecciones del consumidor ni por la prohibición de plantearse desde un punto de vista crítico cómo funcionan las ideologías dentro de las diferentes formaciones sociales y de los diversos discursos culturales. En contraposición, el aprendizaje crítico debe vincularse a las poderosas reivindicaciones de responsabilidad social, de conciencia pública y de ciudadanía crítica precisamente como una forma de política cultural.

6

Elaborando estudios culturales

> *Crear una nueva cultura no sólo significa realizar descubrimientos originales a título individual, sino además, y muy especialmente, difundir entre la población verdades ya conocidas desde una perspectiva crítica y, por así decirlo, convertirlas en una herramienta social que conforme una base sólida para impulsar la acción vital, de manera que estas verdades constituyan elementos coordinados dotados de relevancia social e intelectual.* (Antonio Gramsci)

Introducción

Durante la pasada década, artistas y educadores han protagonizado un fuego cruzado ideológico sobre las responsabilidades cívicas y políticas que comporta su papel de críticos comprometidos y teóricos culturales. En parte deseo participar en este debate analizando la repercusión social de aquellos trabajadores culturales que, como intelectuales públicos, rehúsan definirse, sea a través del lenguaje del mercado, sea a través de un discurso que abstraiga la política cultural del dominio de la estética o de la esfera de lo social. Esta catalogación de los trabajadores culturales como intelectuales públicos conduce a realizar un análisis crítico de la relación existente entre la política y la pedagogía y a redefinir a los artistas, educadores y otros trabajadores culturales como elementos transfronterizos e intelectuales enzarzados en debates intertextuales que traspasan las fronteras de los distintos lugares de producción cultural. El concepto de *intelectual transfronterizo* no sólo hace hincapié en la naturaleza cambiante de las fronteras y los problemas que plantea la designación y la articulación de los distintos contextos donde se gestan los procesos de formación de identidades, la política y la lucha, sino que, además, subraya los distintos tipos de obras culturales que, cada vez más, se desarrollan en el espacio limítrofe entre la cultura popular y la alta cultura, entre la esfera institucional y la calle y entre lo público y lo privado. En este sentido, la obra intelectual va más allá de la teoría para convertirse en acción, es decir: determinada por su carácter inventivo, específico y crítico, identifica la naturaleza subyacente de la frontera como un elemento parcial, diluido y sujeto a contradicciones y tensiones incesantes, las cuales conforman la propia ubicación del educador o artista y determinan su ideología y autoridad con relación a comunidades concretas. Paralelamente, las coordenadas de tiempo y espacio no desaparecen como registros de la memoria, la historia y la experiencia vital, sino que se tornan más permeables e inestables, pese a que continúan soportando el peso de la historia y los legados de enfrentamientos inconclusos.

Así pues, no se trata únicamente de vincular el arte y otras labores culturales a prácticas transgresoras y críticas, sino de articular un proyecto más amplio que ponga en contacto a artistas, educadores y otros trabajadores culturales con una política cultural insurgente que desafíe las frecuentes incursiones del poder empresarial en la sociedad y que, al mismo tiempo, desarrolle una cultura y una sociedad públicas, democráticas y activas.

El objetivo de mi análisis es destacar de qué manera las distintas tradiciones de la pedagogía crítica y los estudios culturales pueden influir en la redefinición de la obra cultural como un acto de sublevación ciudadana que, como afirma el poeta Robert Haas, contribuya a mantener viva «la idea de justicia que tan a menudo olvidamos»[1].

Este capítulo expone y analiza dos tradiciones críticas que permiten replantearse el papel que los artistas comprometidos pueden desempeñar para mantener viva la justicia, así como la función que, en su condición de intelectuales públicos, otros trabajadores culturales y educadores pueden asumir para revitalizar la dinámica de una política cultural radical en continuo desarrollo.

Pese a que tradicionalmente los educadores críticos y los analistas culturales se han movido en ámbitos separados y se han dirigido a públicos distintos, la naturaleza política y pedagógica de su obra parece converger en una serie de puntos. A riesgo de ser excesivamente generalizador, señalaré los siguientes: tanto los teóricos de estudios culturales como los educadores críticos se ocupan de obras culturales que sitúan la política en el punto de confluencia de las representaciones simbólicas, la vida cotidiana y las relaciones materiales de poder; ambos abordan la política cultural como «el espacio de la producción y la lucha por el poder»[2] y conciben el aprendizaje como el resultado de múltiples luchas, en lugar de como la recepción pasiva de información. Es más, ambas tradiciones han enfatizado lo que yo denomino *pedagogía preformativa* y otros teóricos, como Lawrence Grossberg, llaman el *acto de hacer*[3]. La pedagogía preformativa destaca la importancia de entender la teoría como el fundamento para «intervenir en cada contexto y en el poder... y con ello proporcionar estrategias a las personas para mejorar su contexto»[4]. Más aún, los teóricos inmersos en ambos campos han primado el aspecto político en sus diversos intentos por

---

1. POLLOCK, S.; HAAS, R.: *Mother Jones* (marzo-abril), p. 22
2. GROSSBERG, L. (1994). «Bringing it all back home. Pedagogy and cultural studies», en GIROUX, H.A.; MCLAREN, P. (eds.): *Between borders: pedagogy and the politics of cultural studies.* Nueva York. Routledge.
3. «Performance practice as a site of opposition» y GILROY, P. (1996): «...To be real. The dissident forms of black expressive culture», en UGWU, C.: *Let's get it on.* Seattle. Bay Press, pp. 12-33.
4. GROSSBERG, L. (1996): «Toward a genealogy of the state of cultural studies», en NELSON, C.; GAONKAR, D.P. (eds.): *Disciplinarity and dissent in cultural studies.* Nueva York. Routledge, p. 143.

crear espacios públicos críticos (por efímeros que éstos fueran), en los que «la resistencia cultural popular se analiza como una forma de resistencia política»[5].

Sin embargo, pese a que ambos grupos comparten ciertas prácticas pedagógicas e ideológicas, raramente dialogan entre sí, en parte a causa de las barreras disciplinarias e institucionales que aíslan a los distintos trabajadores culturales y les impiden colaborar.

En busca de un proyecto

Este subtítulo apunta la necesidad de encontrar aspectos de un proyecto que proporcionen a los analistas culturales y a los educadores la oportunidad de establecer alianzas en torno a aquellas prácticas pedagógicas que no sólo son interdisciplinarias, transgresoras y de oposición, sino que, además, están vinculadas con proyectos de mayor envergadura destinados a ampliar la democracia política, racial y económica[6]. En el seno de un proyecto de tales características, la teoría está directamente relacionada con el cambio social; el análisis textual, con la política práctica y la investigación académica, con las esferas públicas que sustentan el «entramado de la opresión social y los efectos nocivos de ésta»[7].

El significado y la relevancia del tipo de proyecto que propongo deriva de una larga tradición de trabajos políticos que se prolonga desde Raymond Williams y Stuart Hall hasta el trabajo, más reciente, de Chantal Mouffe, Nancy Fraser, Lawrence Grossberg y Stanley Aronowitz. Dicha tradición aborda las estrategias del entendimiento, el compromiso y la transformación que requieren los problemas sociales más acuciantes de nuestro tiempo. Tales proyectos son utópicos por cuanto rechazan la idea, tan de moda en la actualidad, de que lo mejor es adaptarse a las condiciones del nuevo mercado mundial. Ahora bien, no se trata de una mera utopía que sólo plantea un rechazo absoluto; muy al contrario, la utopía de los proyectos democráticos en desarrollo radica tanto en criticar el orden existente de las cosas como en utilizar el ámbito cultural y educativo para intervenir de manera directa en el mundo y para luchar por el cambio de la actual configuración del poder en la sociedad. Del mismo modo, los proyectos críticos utópicos tampoco tienen nada de abstracto, puesto que reconocen que la labor política y educativa progresista tiene que partir del punto real en que vive la población. Este tipo de proyectos emplea la teoría para entender contextos como las relaciones de poder hegemónicas, al tiempo que da forma pedagógicamente a nuevas e imaginativas posibilidades a través del arte y

---

5. BAILEY, D.; HALL, S. (1992): «The vertigo of displacement». *Ten 8*, n. 2, p.19.
6. Concepto de transdisciplinario extraído de: ZAVARZADEH, M.; MORTON, D. (1992): «Theory, pedagogy, politics: the crisis ofthe «subject» in Humanities», en ZAVARZADEH, M.; MORTON, D. (eds.): *Theory pedagogy politics: texts for change*. Urbana. University of Illinois Press, p. 10. Este artículo defiende que lo importante no es sólo pasar por alto las fronteras de la disciplina basada en el conocimiento, ni tampoco fusionar las distintas disciplinas, sino crear paradigmas teóricos, plantear preguntas y no abordar el conocimiento desde el interior de las fronteras controladas de las disciplinas existentes.
7. NUSSBAUM, M.C. (1999): «The professor of parody». *The New Republic* (22 de febrero), p. 42.

otras prácticas culturales que dan fe de los dilemas éticos y políticos que determinan tanto las características específicas de estos contextos como su relación con el horizonte social en el que se enmarcan. Esta noción de *proyecto* da por supuesta la esencia pública del arte como forma de política cultural. Asimismo, realza la importancia de la cultura como herramienta para luchar por el significado, la identidad y las relaciones del poder, algo esencial para abordar aquellas prácticas y formas de dominación que han dado lugar a un incremento espectacular de las desigualdades sociales y económicas, a un acusado resurgimiento de la violencia contra las minorías de color y homosexuales, a un mayor deterioro del medio ambiente a escala mundial y a un asalto indiscriminado contra aquellos espacios democráticos, críticos y no comerciales, donde tienen lugar «los debates públicos imprescindibles para que los ciudadanos participen activamente en la toma de decisiones»[8].

Dentro de los parámetros de un proyecto tal, intentaré analizar cómo los partidarios de los estudios culturales y de la pedagogía crítica pueden hallar una causa común para emprender un proyecto y una práctica radical mediante la elaboración de discursos teóricos rigurosos que consoliden los aspectos críticos, pero rechacen el cinismo, y que se salvaguarden en la esperanza como la clave de una pedagogía y una práctica política críticas, pero abandonen toda utopía romántica. En un proyecto de tales características resulta fundamental concebir la *pedagogía* como un instrumento que amplía las posibilidades políticas, al enfatizar la función de la educación como una práctica crítica perfectamente utilizable para abordar la tensión existente entre las distintas prácticas sociales que se registran en un amplio abanico de espacios de aprendizaje moldeables y solapados y en los deberes morales de un imaginario democrático radical.

En este contexto, la pedagogía se convierte en un instrumento público de actuación, pues inaugura un espacio en el que discutir las fronteras académicas convencionales y en el que plantear cuestiones que vayan «más allá de los límites institucionales de la ecuación disciplinaria de pregunta y respuestas»[9]. Definida a partir de su papel instrumental, la pedagogía pública se caracteriza por su atención a las interrelaciones y debates existentes acerca del conocimiento, el lenguaje, las relaciones espaciales y la historia. La pedagogía pública representa más una práctica moral y política que un mero procedimiento técnico. El objetivo aquí no es sólo intentar armonizar la pedagogía pública con prácticas interdisciplinarias, transgresoras y críticas, sino relacionar también dichas prácticas con proyectos de mayor envergadura destinados a ampliar la democracia política, económica y racial, con el fin de establecer un nuevo equilibrio y ampliar lo que David Held ha dado en llamar las «dimensiones individuales y sociales de los derechos de ciudadanía»[10].

La naturaleza preformativa de la pedagogía acepta la descomposición parcial, la renegociación y la reposición de las fronteras como aspectos fundamentales para en-

---

8. MCCHESNEY, R.W. (1999): «Introduction», en CHOMSKY, N.: *Profit over people*. Nueva York. Seven Stories Press, p. 9.
9. GROSSBERG, L. (1996): *op. cit.*, p. 145.
10. HALL, S.; HELD, D. (1990): «Citizens and Citizenship», en HALL, S.; JACQUES, M. (eds.): *New times: the changing face of politics in the 1990s*. Londres. Verso, pp. 173-188.

tender la relación entre la pluralización y la naturaleza cambiante del conocimiento, de las identidades y del proceso de la globalización. En este contexto, la cultura y la pedagogía no sólo reconocen la aparición de espacios nuevos y de una visión social que responde a las implicaciones de vivir en un mundo sumido en el capitalismo global, las multinacionales y las nuevas tecnologías, sino que, además, sostienen que, en este proceso de transición, los trabajadores culturales necesitan abordar cómo los nuevos modelos de práctica social y simbólica modifican nuestra concepción del poder y de los organismos sociales, y en qué medida estos cambios ahondan en el progreso de la educación democrática, las relaciones sociales y la vida pública.

Más allá de la política de la textualidad

En su registro más ortodoxo, la práctica preformativa consiste, sobre todo, en analizar los textos culturales y el modo en que éstos «se presentan, se autorizan y se difunden ampliamente»[11]. Los nuevos estudios culturales reflejan una nueva tendencia, especialmente popular en Estados Unidos, la cual parece «anteponer los textos culturales a la acción como la base para el cambio social y político»[12]. Ahora bien, esta acentuación de los textos corre el riesgo de reproducir procesos de materialización y aislamiento similares a los que acontecen cuando las manifestaciones culturales quedan encuadradas fuera del marco de la historia, el poder y la política. En este sentido, los textos quedan atrapados dentro de un formalismo que suele sucumbir a la identificación de aspectos como el compromiso de uno mismo con los «demás», el deber ético de decidir entre bien y mal y, por extensión, la concepción de los *derechos humanos* como algo carente de sentido e irrelevante o como un vestigio del pasado[13].

Lewis Gordon sostiene que, en su vertiente más reduccionista, la práctica pedagógica comprometida y preformativa suele caer presa de un enfoque unilateral que equipara la política con la retórica y convierte la dimensión política de tal práctica «en algo invisible, tan sólo percibido como un mero compromiso... Cualquier acción se torna inmaterial y todo queda reducido a una simple manifestación de intenciones»[14].

Los analistas culturales progresistas reconocen que los complejos términos de *compromiso cultural* deben ir acompañados de acciones, pero, a diferencia de Gordon, muchos de ellos consideran aún abierto el debate sobre el poder del arte para promover la acción social y la generación de nuevas políticas y formas de identidad, así como su capacidad para crear un nuevo vocabulario ético y político que dé lugar

---

11. FRITH, S. (1996): *Performance Rites*. Cambridge. Harvard University Press, p. 204.
12. GRAY, H. (1996): «Is cultural studies inflated?», en NELSON, C.; GAONKAR, D.P. (eds.): *Disciplinarity and dissent in cultural studies*. Nueva York. Routledge, p. 211.
13. No hace falta recordar que los teóricos de estudios culturales como Stuart Hall, Meaghan Morris, Tony Bennet, Lawrence Grossberg, Angela McRobbie, Doreen Massey, Herman Gray y Stanley Aronowitz, por mencionar a unos pocos, rehusan rehúsan reducir los estudios culturales a un mero texto.
14. Citado en JAMES, J. (1997): *Transcending the talented tenth: black leaders and American intellectuals*. Nueva York. Routledge, p. 175.

a las condiciones que posibiliten una política y una pedagogía basadas en la justicia económica, social y racial.

Deseo ahora comentar las posibilidades de una concepción políticamente progresista de la pedagogía comprometida y de su relevancia para destacar, por un lado, la naturaleza mutuamente determinante de la teoría y la práctica y, por el otro, el proyecto correlacionado de convertir la política en algo más pedagógico (lo cual amplía el capítulo sobre Bhabba de este mismo libro). Este punto es especialmente importante por cuanto la pedagogía deviene un elemento central para definir los proyectos políticos que constituyen la base del trabajo de los educadores, los artistas y los trabajadores culturales de lugares muy distintos. Esta dimensión política de la pedagogía resulta especialmente fundamental en el momento presente, en el que asistimos al auge de las políticas derechistas, a un renacimiento del racismo, a un asalto indiscriminado a la financiación pública de las artes y a una serie de ofensivas punitivas dirigidas contra los pobres, la juventud urbana y la población de color.

A la luz de las recientes intervenciones realizadas por un número cada vez mayor de progresistas y conservadores, quienes intentan borrar la relación entre el poder y la política y restituir el enfoque hermético de la enseñanza y el texto y quienes definen la política dentro de una dicotomía que enfrenta los presuntos temas capitales de clase social y trabajo con una política fragmentaria y marginadora de identidades, por un lado, y con una serie de debates ineficaces y unilaterales sobre la cultura, por el otro, a la luz de esto, la invocación de un contexto político más amplio plantea la necesidad de realizar un análisis más crítico sobre la convergencia de los estudios culturales y la pedagogía crítica. Desgraciadamente, este modelo no sólo no consigue definir cómo se entrelazan los aspectos de raza, género, edad, orientación sexual y clase social, sino que rehúsa aceptar la función pedagógica de la cultura como la base sobre la que se perfilan las identidades, se articulan los deseos y toman forma los valores morales.

Con gran acierto, Ellen Willis argumenta que:

[Si las personas] no están preparadas para defender su derecho a la libertad y la igualdad en las relaciones personales, tampoco lucharán por sus intereses económicos[15].

Tal y como describo en más detalle en capítulos anteriores de este libro, este modelo totalizador de clases sirve, en gran medida, para anular el valor de la cultura como el campo de batalla donde luchamos por nuestra condición de seres políticos y para mediar en las relaciones entre las estructuras de poder, las protestas con base material y los contextos de las luchas diarias.

La educación como una práctica preformativa

Los progresistas que deseen convertir la pedagogía en una práctica preformativa que vincule y consolide los aspectos estratégicos y teóricos más importantes de

---

15. WILLIS, E. (1998): «The Up and Up: On the Limits of Optimism». *Transition*, n. 7, p.19.

los estudios culturales y la pedagogía crítica debieran comenzar con el interesante análisis de Raymond Williams, quien sostiene lo siguiente:

El impulso más determinante (para definir la política cultural) es el deseo de convertir el aprendizaje en parte del proceso mismo de cambio social[16].

Para Williams, la pedagogía cultural conlleva una forma de educación permanente que concibe la «fuerza educativa de toda nuestra experiencia social y cultural... [como un aparato de instituciones y relaciones] que instruye de manera activa y profunda»[17]. Esta afirmación propone a los educadores y demás la necesidad de replantearse cómo se relaciona la cultura con el poder y cómo y dónde ésta se emplea de manera simbólica e institucional como una herramienta educativa, política y económica. La cultura es la base tanto de la oposición como del acuerdo. Es, asimismo, el espacio que la juventud y otros sectores conciben como la base de su relación con el mundo. La cultura genera relatos, metáforas e imágenes para construir y ejercitar una poderosa herramienta pedagógica que influya en la concepción que las personas tienen de sí mismas y de su relación con los demás. Si bien el sentido común ha llevado a los críticos progresistas a desafiar las tradiciones liberales y conservadoras que pretenden purificar la cultura y los temas culturales, convirtiéndolos en algo esencialmente apolítico o ajeno a la política, muchos de ellos no han prestado la seriedad que merecen las palabras de Antonio Gramsci, quien sostiene que «toda relación "hegemónica" es necesariamente una relación educativa». Con ello, Gramsci define la educación como una práctica pedagógica cultural presente en lugares muy distintos y señala cómo, en el seno de estos diversos contextos, la educación nos hace tanto sujetos de como sujeto en las relaciones de poder[18].

Estos mismos críticos tampoco han asimilado totalmente la insistencia de Theodore Adorno y Max Horkheimer en que las cuestiones culturales no pueden abstraerse de las situaciones económica y política, como tampoco pueden ser descalificadas como aspectos meramente superestructurales[19].

Como método preformativo, la pedagogía inaugura un foro narrativo que ratifica la importancia de los espacios contextuales y específicos, al tiempo que señala que en tales espacios abundan las relaciones de poder. Toda práctica pedagógica preformativa que rehúse el cierre ideológico, insista en combinar el rigor ético y la relevancia social, y adopte el compromiso como un punto de unión temporal que permita a los educadores y a los críticos culturales posicionarse sin dogmatismos ni rigidez debe hacer alusión a la ética y a la política. La pedagogía comprometida se alinea también con aquellos estudios culturales recientes que permiten asimilar y abordar los debates consustanciales acerca de la pedagogía dentro de un contexto

---

16. WILLIAMS, R. (1989): «Adult education and social change», en *What I came to say*. Londres. Hutchinson-Radus, p. 158.
17. WILLIAMS, R. (1967): *Communications*. Nueva York. Barnes and Noble, p. 15.
18. GRAMSCI, A. (1971): *Selections from the prison notebooks*. Nueva York. New York International Press, p. 350.
19. ADORNO, T.W.; HORKHIEMER, M. (1972): *Dialectic of the enlightenment*. J. Cumming, Trans. Nueva York. Seabury Press.

más extenso de responsabilidad social, convicciones cívicas y reconstrucción de la vida pública democrática. Cary Nelson constata que los estudios culturales muestran una gran preocupación por «cómo los objetos, los discursos y las prácticas crean posibilidades, pero también limitaciones, a los ciudadanos»[20]. Esta constatación constituye un importante punto de partida para diseñar y fundamentar un proyecto que reúna a los distintos educadores, los académicos y los trabajadores culturales tanto dentro como fuera del ámbito de la academia.

Este interés por convertir al ciudadano en un ente crítico de resistencia gira en torno a la idea central de una pedagogía más amplia que inste a los educadores y a los trabajadores culturales a crear nuevas herramientas teóricas y prácticas sociales para desplazarse por el interior de las fronteras disciplinarias, políticas y culturales, y traspasarlas con el fin de plantear nuevas cuestiones, generar contextos variados donde canalizar las energías de un nuevo enfoque moral y destacar los recursos intelectuales necesarios para entender y transformar aquellas instituciones y fuerzas que continúan «haciendo nuestras vidas y las sociedades en las que vivimos profundamente inhumanas»[21].

Bajo esta forma de política cultural subyace la idea de una pedagogía radical que se sitúe en las líneas divisorias donde continúan produciéndose y reproduciéndose las relaciones entre dominación y opresión, poder e impotencia. Para muchos trabajadores culturales y educadores esto implica escuchar a los pobres y otros grupos subordinados y trabajar con ellos para dotarlos de la capacidad de palabra y acción que les permita subvertir las relaciones de poder opresivas. Con todo, en estos tiempos conflictivos, la relegitimación profesional parece estar al orden del día, sobre todo porque un número creciente de académicos se niega a concebir la universidad como una esfera pública crítica y opone una resistencia mínima o nula a la profesionalización de la universidad, a la continua evisceración de la intelectualidad y a los constantes agravios contra los pobres, los ancianos, la población de color y la clase obrera de Estados Unidos[22].

Para hacer frente a tal pesimismo, los educadores y otros trabajadores culturales pueden colaborar con los analistas culturales para, juntos, evaluar la relación entre la cultura y el poder –cómo y por qué se utilizan tanto en términos institucionales como textuales– tanto en el marco de una política representativa como a través de ésta. No obstante, la pedagogía preformativa consiste en algo más que en plasmar en textos la vida cotidiana y poner al descubierto las maquinarias de poder dominantes. Tal y como Larry Grossberg señala, la *pedagogía preformativa* consiste en «rehacer el contexto por cuanto el contexto es siempre una estructura de poder»[23]. En este senti-

---

20. NELSON, C.; GAONKAR, D.P.: «Cultural studies and the politics of disciplinarity», en *op. cit*, p. 7.
21. HALL, S. (1992): «Race, culture and communications: looking backward and forward at cultural studies». *Rethinking Marxism,* n. 5, p. 18.
22. El término legitimación profesionalista está extraído de mi correspondencia personal con Jeff Williams, catedrático de la East Carolina University.
23. GROSSBERG, L. (1997): «Cultural studies: what's in a name?», en *Bringing it all back home: essays on cultural studies.* Durham. Duke University Press, p. 261.

do, la labor pedagógica define y amplía el incesante interés de los estudios culturales por difundir el conocimiento e intenta promover cambios significativos mediante la reducción al mínimo del grado de opresión en la vida de los ciudadanos. Mi deseo de transformar la pedagogía en un rasgo definidor de los estudios culturales tiene por objeto acentuar la preformativa como un el compromiso de acción que supone toda expresión en pedagogía crítica o, lo que es lo mismo, abogar por una labor basada en una política cultural que traduzca el conocimiento y lo convierta en práctica, que sitúe la teoría en el espacio político de la preformación y el compromiso y que impulse la pedagogía como una práctica sobre la que se edifiquen las luchas colectivas dirigidas a estimular y mantener el tejido de las instituciones democráticas. Tal apelación a la reforma implica también la necesidad de redefinir el papel de los académicos como intelectuales públicos y proyectar su atención hacia las dimensiones pedagógicas y políticas de la cultura, con el objetivo de que analicen los textos culturales como discursos públicos. Para ello deben ampliarse las herramientas de la ideología crítica e incluir otros puntos en los que también se desarrolle la producción de conocimientos e identidades, como pueden ser, aunque no exclusivamente, la televisión, las películas de Hollywood, los videojuegos, los periódicos, los *fanzines*, las revistas populares e Internet.

Con todo, una vez más, tal y como he hecho a lo largo de este libro, cabe hacer hincapié en la necesidad de que los educadores y los trabajadores culturales progresistas traspasen la línea de anteponer el significado al poder y analicen el funcionamiento de estos textos culturales en el seno de los contextos materiales e institucionales que estructuran la vida cotidiana.

Intelectuales públicos y la política del compromiso y la preformación

La concepción de la *pedagogía* como una *práctica preformativa* y comprometida también recalca la necesidad de replantearnos el papel que los educadores y los académicos pueden desempeñar como intelectuales públicos. En lugar de restringir el concepto de *intelectual público* a un plato de moda listo para ser consumido, tal y como hacen el *New York Times* y *Lingua Franca*, una serie de teóricos críticos se han reorganizado dentro de las ambivalencias y contradicciones de sus historias personales concretas, al tiempo que se han presentado y han actuado como críticos sociales. Mediante la vinculación de sus biografías, sus experiencias pedagógicas y sus obras de arte comprometido, artistas como Suzanne Lacy, Coco Fusco, Luis Alfaro, Mierle Ukeles, Peggy Diggs y Guillermo Lopez-Pena han reestructurado la relación entre lo personal y lo político, sin que ello haya supuesto la pérdida de ninguno de estos ámbitos[24].

---

24. LACY, S. (1995): «Introduction: cultural pilgrimages and metaphoric journeys», en LACY, S. (ed.): *Mapping the terrain: new genere public art*. Seattle. Bay State Press, pp. 19-47; GOMEZ-PENA, G. (1996): *The new world border*. San Francisco. City Lights Bookstore.

En calidad de intelectuales públicos, estos trabajadores culturales no sólo se niegan a respaldar la profesionalización académica de la crítica social y con ello a contribuir en «su extinción irreparable como fuerza activa social», sino que, además, se toman muy en serio el papel de críticos que les confiere su condición de profesores y el espacio potencial para la oposición que constituyen todos los ámbitos pedagógicos, incluida (aunque no exclusivamente) el académico[25]. Dichos artistas no sucumben a la degradación de la vida cívica disculpándose por la falta de civismo de la crítica social ni sacan partido de la crisis de la vida social sirviéndose de las tertulias radiofónicas, televisivas y otros circuitos de prensa para promoverse. Muy por el contrario, muchos artistas comprometidos asumen seriamente la reprobación de Pierre Bourdieu, quien afirma que «no hay democracia genuina sin una oposición crítica genuina»[26]. En este sentido, dichos artistas hacen todo lo posible para que sus voces resuenen en aquellos espacios públicos que aún acogen las opiniones discrepantes, la crítica social y el debate político. Al hacerlo, muchos de ellos proporcionan nuevas herramientas para entender el papel de la cultura como una fuerza pedagógica y política a nivel comunitario, como el puente que enlaza distintas audiencias, teorías y culturas.

Entre otros artistas comprometidos, Suzanne Lacy ha luchado incansablemente durante las últimas tres décadas para disolver las diferencias entre artistas y participantes y entre el artificio estético y el proceso social, para así demostrar que el arte debería constituir una fuerza informativa y propulsora del cambio social y del diálogo. Su labor incesante sobre la violación, la igualdad de derechos, la inmigración, el racismo, la tercera edad, la violencia doméstica y la juventud urbana ha logrado movilizar a distintas audiencias y organismos, a los que ha concienciado sobre el papel que los servicios públicos deberían desempeñar para satisfacer las necesidades de las distintas comunidades y, muy en especial, de los sectores marginados y oprimidos[27]. Su trabajo de 1977, titulado «Three Weeks in May», criticaba la violación y la violencia doméstica sufrida por muchas mujeres y logró aunar a un gran número de organizaciones, medios de comunicación y grupos sociales, quienes se ocuparon de concienciar a la sociedad acerca de estos problemas y de impulsar políticas para proteger a la mujer de la violencia del hombre. En 1993, Suzanne Lacy realizó una instalación pública titulada «Underground», en la que colocó un tramo de vía ferroviaria en el césped del parque Point State de Pittsburgh. Sobre las vías dispuso tres vagones siniestrados en los que pintó datos estadísticos sobre la violencia doméstica, junto a palabras pronunciadas por las propias víctimas. Se puso a disposición de las mujeres afectadas por este problema una línea telefónica gratuita para que pudieran contactar con voluntarios desde distintos asesores legales y servicios médicos. La instalación sirvió, por lo tanto, como un espacio público para ayudar a las víctimas de la violencia doméstica y, simultáneamente, concienciar al gran público sobre su existencia y consecuencias. Asimismo, esta obra sirvió para poner en contacto a las víctimas y el

---

25. EAGLETON, T. (1984): *The function of criticism*. Nueva York. Verso Press, p. 65.
26. BOURDIEU, P. (1999): *Acts of resistance*. Nueva York. New Press, p. 8.
27. Véase el resumen de la obra de Lacy en KELLEY, J. (1995): «The body politics of Suzanne Lacy», en FELSHIN, N. (ed.): *But is it art?* Seattle. Bay Press, pp. 221-249.

gran público con una amplia red de organismos sociales. La obra más reciente de Lacy, en especial «Code 33», continúa combinando el arte con el activismo social mediante la aplicación de una pedagogía comprometida que crea un espacio público e insta a las clases desfavorecidas a solicitar prestaciones y ayudas sociales. En este caso, Lacy pone en contacto a la juventud urbana y a la policía en Oakland, California, para que juntos entablen un diálogo público sobre la brutalidad policial, la violencia entre las bandas urbanas y las vías para la posible solución de estos problemas.

Los educadores, los académicos y otros trabajadores culturales tienen mucho que aprender de artistas como Lacy. George Lipsitz recalca este punto al afirmar:

> *[Los académicos tienen mucho que aprender de] los artistas que se enfrentan a las cosas que están acabando con ellos y con sus comunidades. Los creadores culturales están definiendo una importante teoría social. Sumidos en la ardua labor de establecer coaliciones políticas y culturales basadas en las afinidades y el sufrimiento compartido, estos artistas se han visto obligados a pensar con claridad acerca de la producción cultural en la sociedad contemporánea[28].*

Evidentemente, muy pocos de estos artistas y trabajadores culturales se definen conscientemente como intelectuales públicos. Y sin embargo, lo más destacable de su obra es el modo en que, a través de prácticas pedagógicas que pretenden cambiar el mundo (en lugar de simplemente reflejarlo), hacen visible la política.

La pedagogía preformativa ofrece a los trabajadores culturales, inmersos o externos al ámbito educativo, la oportunidad de lidiar con nuevas preguntas y, tal y como describe Peggy Phelan, con nuevos modos de (mal)entender cómo los temas sociales más acuciantes quedan enmarcados/clasificados/y eliminados dentro de las ideologías dominantes y resistentes[29].

La pedagogía preformativa por la que aboga este libro no sólo provee un conjunto de representaciones y textos que imparten conocimientos, sino que se convierte en una forma de producción cultural en la que la identidad propia se reescribe incesantemente, aunque prestando siempre atención al cometido de la cultura como ámbito de producción y protesta contra el poder. En este caso, la política cultural y la autoridad contra la que se subleva siempre devienen algo cuestionable y provisional, no porque ello permita eludir el peso del juicio, el significado y el compromiso, sino porque permite al profesorado y al alumnado abordar, en palabras de Stuart Hall:

> *[...] las cuestiones centrales, urgentes e inquietantes de una sociedad y una cultura del modo intelectual más riguroso... al alcance[30].*

Al negarse a reducir la política a algo meramente discursivo o representativo, la interpretación preformativa implica la reclamación de la política como una inter-

---

28. LIPSITZ, G. (1997): «Facing up to what's killing us: artistic practice and grassroots social theory», en LONG, E. (ed.): *From sociology to cultural studies.* Malden, Massachusetts. Basil Blackwell, p, 252.
29. PHELAN, P. (1993): *Unmarked: the politics of performance.* Nueva York. Routledge. [Principalmente: «Afterward: notes on hope»]
30. HALL, S. (1992): *op. cit,* p. 11.

vención pedagógica que vincule los textos culturales con los contextos institucionales en los que se leen y el material sobre el que se fundamenta el poder con la situación histórica que da sentido a los lugares en los que habita la población y donde intenta labrarse el futuro que anhela. Como parte de esta concepción de la práctica pedagógica, la expresión se convierte en un ámbito de labor memorística, que ubica y critica las historias que contamos al asumir el papel de intelectuales públicos con objeto de sacar a la luz y desafiar las grotescas desigualdades y la intolerante opresión existentes en la actualidad.

Una política cultural que abogue por la pedagogía preformativa y comprometida deberá desentrañar cómo actúa el poder dentro y fuera de cada esfera cultural e identificar aquellas representaciones, imágenes y símbolos que bajo ciertas circunstancias políticas reflejen mejor la realidad.

Así pues, se trata de intentar crear una teoría articulada en la que los significados contenidos en los textos se comprendan mediante el análisis de su repercusión, junto a la de otros discursos públicos, dentro de otros ámbitos y zonas culturales. Cabe mencionar la importante distinción entre leer un texto y extraer algunas reivindicaciones y leer dicho texto a la luz de un conjunto de relaciones sociales con el fin de comprender por qué hay significados que tienen fuerza mientras otros no, y por qué algunos de ellos resuenan como ideologías siendo más capaces de definir los términos de la realidad. En este respecto, los textos y acontecimientos no pueden analizarse aislados del contexto material de la vida cotidiana en el que se inmergen. Por consiguiente, los textos se convierten en objetos de investigación pedagógica, además de en acontecimientos pedagógicos a través de los cuales muchos educadores y demás pueden interpretar los mecanismos que definen cómo la política de representación opera dentro de los regímenes dominantes de significados, de suerte que producen y legitiman el conocimiento sobre el género, la juventud, la raza, la sexualidad, el trabajo, los intelectuales públicos, la pedagogía y otros temas.

Convertir la política en algo pedagógico implica plantearse cómo funcionan verdaderamente la dominación y la resistencia, cómo se viven, qué las mueve y cómo ambas despliegan poder y son en sí mismas una expresión de poder.

¿Puede la educación ser política?

Ni en la teoría ni en la práctica, la pedagogía crítica debe legitimar una concepción romántica del trabajador cultural como un individuo capaz únicamente de actuar al margen de la sociedad.

Tampoco debe justificar un concepto de la *enseñanza* caprichosamente aliada con el método, el formalismo y la técnica. Si se la percibe como una práctica política y moral, la pedagogía se convierte tanto en una lucha como en el producto de los enfrentamientos derivados de las relaciones sociales, por lo que siempre presupone una cierta visión de futuro, de lo que significa ser un ciudadano y de lo que implica participar en la vida pública.

La pedagogía y el resto de prácticas culturales cuyo objeto es informar y otorgar poder a menudo son descalificadas y tildadas de excesivamente doctrinales o impositivas[31]. Por desgracia, la descalificación defendida por conservadores y liberales impide dotar de contenido político a la pedagogía, ya que, con frecuencia, no contempla la distinción existente entre una educación política y una *educación politizada*.

La *educación política* implica reconocer que la educación es inherentemente política porque es directiva y su objetivo es informar a personas aún incompletas de lo que significa ser un ser humano e intervenir en el mundo, ya que el ser humano siempre está condicionado por el entorno. La educación política defiende asimismo que las escuelas y otros foros culturales no pueden olvidar la situación sociocultural y económica, la familia y la comunidad a la que pertenece cada estudiante[32]. La educación política consiste en enseñar a los estudiantes a asumir riesgos, a formular preguntas, a desafiar a los poderosos, a valorar las tradiciones críticas y a reflexionar sobre el uso de la autoridad en el aula y en otros contextos pedagógicos. La educación política permite a los alumnos expresarse de manera crítica y modificar la estructura participativa y el horizonte de debate en el que se construyen sus identidades, valores y deseos. Una educación política asienta los parámetros pedagógicos que permiten a los estudiantes entender cómo influye el poder en sus vidas, cómo influyen ellos en el poder y de qué manera pueden utilizarlo para consolidar y ampliar su papel de ciudadanos críticos. Lo esencial en este discurso es aclarar que la ciudadanía no es el producto de la eficacia técnica, sino de las batallas pedagógicas que relacionan el conocimiento, la imaginación y la resistencia, y que desbaratan los «modos convencionales de concebir la imaginación y la obra imaginativa, planteando ficciones que requieren un escrutinio minucioso y que se oponen a una lectura pasiva»[33].

Por otro lado, la *educación politizada* rehúsa tratar su propio programa político y suele silenciarlo mediante el uso de una metodología, una objetividad y un concepto de equilibrio y apelación a la profesionalidad engañosos. La educación politizada supervisa las fronteras de las disciplinas, a menudo se niega a mencionar o aceptar lo problemático de su propia autoridad cultural y, por lo general, prescinde de las herramientas sociales, políticas y económicas que, a un nivel superior, autorizan las prácticas pedagógicas coherentes con las formas existentes de poder institucional. La educación politizada no se hace eco de las cuestiones sobre la intersección del conocimiento, el poder, la ideología y la lucha, fundamentales para el proceso de la enseñanza y el aprendizaje. En la educación politizada, el lenguaje de la objetividad, la metodología y el rigor del proceso institucional desatienden los sistemas de inclusión y exclusión existentes en los espacios pedagógicos. De modo similar, la aplicación del método y el rigor resta importancia a todo intento crítico por cuestionar

---

31. Para responder a la afirmación de que la pedagogía crítica, en particular la obra de Paulo Freire, es excesivamente doctrinal e impositiva, véase FREIRE, P.; MACEDO, D. (1996): «A dialogue: culture, language, and race», en LEISTYNA, P.; WOODRUM, A.; SHERBLOM, S.A. (eds.): *Breaking free: the transformative power of critical pedagogy*. Cambridge, Massachusetts. Harvard Educational Review, pp. 199-228.
32. Este aspecto está particularmente bien explicado en: FREIRE, P. (1999): *Pedagogy of Freedom*. Lanham, Maryland. Rowman & Littlefield.
33. HOOKS, B. (1991): «Narratives of Struggle», en MARIANI, F. (ed.): *Critical Fictions: The Politics of Imaginative Writing*. Seattle. Bay Press, p. 56.

la base normativa de la enseñanza y la responsabilidad política de los educadores, desestimando incluso aquellos temas relativos a cómo el profesorado puede ayudar a su alumnado a desarrollar una personalidad, comprometerse socialmente y modificar las relaciones de poder que dan lugar a los problemas del racismo, el sexismo, la pobreza y otras condiciones opresivas[34]. La educación politizada hace caso omiso del aspecto crucial sobre cómo la pedagogía sitúa y legitima ciertas formas de identificación, a saber: la definición del estudiante como consumidor, trabajador, ciudadano, etc. Rara vez la educación politizada evalúa el papel que la pedagogía puede desempeñar para ayudar a los estudiantes a analizar, desde una perspectiva crítica, las condiciones en las que el conocimiento se gesta, circula y se autoriza, y cómo ciertas prácticas pedagógicas concretas influyen en la redacción de ciertos textos que tratan sobre el pasado, el presente y el futuro y, con ello, aniquilan el derecho a reclamar neutralidad. A falta de un proyecto político, la escuela pública y los intelectuales universitarios quedan reducidos al mero papel de técnicos sumidos en rituales formalistas y promoción de profesiones, quienes, en gran medida, se despreocupan de los problemas urgentes y alarmantes a los que se enfrenta la mayoría de la sociedad.

Conclusión

En conclusión, deseo insistir en que la pedagogía debería ser considerada, en su calidad de práctica crítica y preformativa, como un principio definidor por todos los trabajadores culturales: periodistas, artistas, abogados, académicos, trabajadores sociales, representantes de los medios de comunicación y todas aquellas personas que participan en la cultura popular, la redacción de textos educativos y periodísticos, la literatura, la arquitectura y el resto de ámbitos relacionados. Esto sugiere, en parte, la necesidad de que los académicos y otros participantes culturales elaboren proyectos de relevancia social que sean dinámicos e innovadores y que propongan un compromiso político, proyectos en los que los binarios tradicionales de margen/centro, unidad/diferencia, local/nacional y público/privado puedan reorganizarse mediante representaciones más complejas de identificación, pertenencia y comunidad.

Paul Gilroy ha señalado la necesidad de que los trabajadores culturales progresistas sostengan un discurso de rupturas, cambios, flujos y agitación, un discurso que no actúe únicamente como una política transgresora, sino que, además, dé forma a un proyecto colectivo que amplíe los conceptos de compromiso político y lucha democrática[35]. Ello conlleva una nueva definición fundamental del papel de los educadores y elaboradores de estudios culturales como intelectuales públicos. En este sentido, no debemos definirnos como figuras marginales y vanguardistas, profesionales o académicos que trabajamos por cuenta propia, sino como ciudadanos críticos

---

34. GERALD, G. (1992): «Teaching the Conflicts», en GLESS, D.J.; HERRNSTEIN, B (eds.): *The Politics of Liberal Education.* Durham. Duke University Press.
35. GILROY, P. (1994): *The Black Atlantic.* Cambridge. Harvard University Press.

cuyo conocimiento y acciones colectivas presuponen enfoques específicos de la vida pública, la comunidad y la responsabilidad moral.

Resulta, pues, crucial la concepción de una *política abierta*, mas comprometida; una política que respete la especificidad y los distintos lugares, sin prescindir de las consideraciones globales; una política que proporcione nuevos espacios donde gestar una labor colaboradora comprometida con el cambio social productivo. Tal proyecto puede conducir a los educadores y otros estudiosos de la cultura a replantearse de qué modo la pedagogía preformativa y comprometida puede expresarse mediante «un lenguaje crítico integrador a través del cual los valores, la ética y la responsabilidad civil»[36] se conviertan en elementos fundamentales para la creación de espacios públicos críticos y compartidos que aborden, trasladen y transformen los problemas sociales más irritantes a los que se enfrenta la sociedad de hoy en día, tanto a escala nacional como internacional. Dado el actual ensañamiento del ala derechista y de las multinacionales con la educación pública y superior, así como la emergencia de un clima político y moral inclinado hacia el nuevo darwinismo social, resulta imprescindible que los educadores, artistas y otros trabajadores culturales empiecen a buscar vías de colaboración tanto para defender como para reconstruir los espacios culturales y las esferas públicas esenciales para reformular la relación entre los estudios culturales y la pedagogía crítica, no como si se tratara de una nueva moda académica, sino como lo que es: una ardua labor destinada a revitalizar la vida pública democrática[37].

---

36. LACY, S. (1995): *op. cit.*, p. 20.
37. En ARONOWITZ, S. (1996): *The Death and Rebirth of American Radicalism*. Nueva York. Routledge, se hace un brillante análisis sobre lo importante que resulta la democracia radical como proyecto para los trabajadores culturales progresistas y de izquierdas.